CIVIL LITIGATION PRACTICE

講義
民事訴訟の実務

田子 真也 ［著］

弁護士（岩田合同法律事務所）
一橋大学法科大学院特任教授

一般社団法人 金融財政事情研究会

はしがき

　本書は、民事訴訟・民事執行・民事保全の基礎を学ぶためのテキストである。

　弁護士は、「基本的人権を擁護し、社会正義を実現すること」を使命とするとされている（弁護士法1条1項）。他方で、弁護士は、「依頼者の権利及び正当な利益を実現するよう努める」とされている（弁護士職務基本規程21条）。私人の利益を実現することが、どうして「社会正義を実現する」という公共的な使命につながるのであろうか。紛争は人の社会生活のなかで発生する社会現象であるが、当事者が自分勝手な権利主張を繰り返したのでは、社会は混乱し、公正な社会（社会正義）は成り立たない。公正な社会を実現するには、当事者が自らの権利をルールにのっとって主張し、裁判所がルールにのっとって法的な判断を下すことによって、迅速かつ公正に紛争を解決することが不可欠である。すなわち、民事事件についていえば、司法権を担う裁判官と弁護士が、それぞれの与えられた役割・責務を果たすことが求められる。具体的には、裁判官の責務は、社会で生起する事実を法律に適用して権利義務の発生や権利関係の有無を正しく確定させることであり、弁護士の責務は、裁判官の正しい法的判断が行われるよう、当事者の訴訟代理人として、ルールにのっとった主張・立証を尽くすことである。弁護士による依頼者の権利の実現こそが社会正義であるといわれるゆえんである。このルールこそが**民事訴訟手続における主張・立証の基本構造**にほかならない。

　そこで、本書では、民事訴訟の各手続の説明をする前に、**民事訴訟手続における主張・立証の基本構造**についてまず解説し、裁判所の事実認定の仕方、訴訟代理人の主張・立証の仕方を明らかにした後に、**民事訴訟手続の流れ**に沿って、訴状、答弁書・準備書面、争点整理、証拠、立証活動について解説することとし、民事訴訟手続全般にわたって一貫して**民事訴訟手続における主張・立証の基本構造**を念頭に置いた解説を心がけた。また、弁護士業

務の端緒であり基礎でもある**法律相談**と**事件の受任**については、冒頭で解説することとし、通常訴訟手続ときわめて関係の深い**民事執行**および**民事保全**については、民事訴訟手続について解説した後に触れることとした。加えて、本書では、短い期間ではあるが、筆者が司法研修所、法科大学院を通じて法曹教育にかかわってきた経験をふまえ、**模擬裁判**の活用方法についても解説を加えた。

　民事訴訟・民事執行・民事保全の各手続について解説した書籍は多く存在するが、本書は、これらの手続の解説にとどまらず、なぜこれらの手続がとられているのかという観点を重視して解説した点に特徴がある。法曹を目指す多くの方々に手にとっていただければ幸いである。

　最後に、筆者が一橋大学法科大学院の特任教授に就任するにあたって多大な示唆をいただいた前任者の柴﨑晃一先生、貴重な出版の機会をいただいた株式会社きんざいの池田知弘氏に心から感謝の意を表したい。

　令和2年10月

田子　真也

【執筆者紹介】

田子　真也（たご しんや）

弁護士（岩田合同法律事務所）・一橋大学法科大学院特任教授
平成 2 年 3 月　一橋大学法学部卒業
平成 5 年 4 月　弁護士登録（第一東京弁護士会所属）・岩田合同法律事務所入所
平成13年 5 月　Cornell Law School卒業（LL.M.）
平成13年〜平成14年　Coudert Brothers LLP（New York）
平成14年　ニューヨーク州弁護士登録
平成22年〜平成25年　司法研修所民事弁護教官
平成26年〜平成28年　法務省司法試験考査委員（民法）
平成27年〜平成28年　法務省司法試験予備試験考査委員（民法）
平成31年 4 月〜　一橋大学法科大学院特任教授

目　次

第1章　事件の受任

第1　法律相談のポイント

第2　民事紛争解決のために

第2章　民事訴訟手続における主張・立証の基本構造

第9　民事訴訟手続の主張・立証における基本構造の理解から導かれるポイント

第3章　民事訴訟手続の流れ

第1　はじめに

第2　訴えの提起

第3　口頭弁論手続・弁論準備手続と証拠調べ

第4　和　　解 53

第5　判決言渡し 54

第6　上　　訴

第7　民事保全と民事執行 56

第4章　訴　　状

第1　訴状の意義 60

第2　訴状の準備と訴状提出のタイミング

第3　訴状作成上の留意事項

第 5 章　答弁書・準備書面

第 1　答　弁　書

第7章　証　　　拠

第1　はじめに

第2　証拠がなぜ必要か

第3　証拠に関する基本的な概念

第4　書　　　証

第9章　模　擬　裁　判

第1　模擬裁判の意義　　　　　　　　　　　　　　　168

第2　模擬裁判を実施するにあたって

第10章　民 事 執 行

第1　民事執行制度

第2　強制執行（債務名義に基づく執行）

第3　民事執行の手続

第11章　民 事 保 全

第1　民事保全とは

第2　民事保全制度の意義と特質

第3　民事保全の種類

第8 民事保全における救済

コラム

第 **1** 章

事件の受任

第1　法律相談のポイント

　弁護士業務には、依頼者（相談者を含む）の存在が欠かせません。依頼者からの相談・事情聴取に始まり、生の事実を法的に構成し、法律という武器を使って世の中に生起する紛争を解決し、もって社会正義を実現するのが弁護士の使命です（弁護士法1条）。

　依頼者の相談が重要であることは、弁護士業務が依頼者からの相談を契機とすることから裏付けられます。

　そこでまずは、弁護士業務の基本である法律相談のポイントから説明します。

1　法律相談の仕方（図表1-1参照）

・いつ：人間の記憶は時間の経過とともに薄れるため、できるだけ早く聴取することが望ましいといえます。

・だれから：本人以外にも、原告寄り、被告寄りまたは中立的な人がいるかを確認しましょう。立証にとって重要な人の場合には時間や打合せの場所は柔軟に設定するよう心がけましょう。

・どのような事実を：有利でも不利でも、できるだけ詳しく情報を聴取するようにしましょう。

・どのように：原則的には面談で聴取します。例外的に、他人を介して間接的に聴取したり、電子メールや電話、テレビ会議、ウェブ会議等で聴取することもあります。

図表1-1　法律相談の流れ

1　事前準備（電子（本文）メール・電話・FAX等） 　(1)　相談の概要を聴く 　　ア　ポイントを把握し、無駄のない効率的な事実聴取を実現するよう準

備する。
- イ　判例や文献の調査をするための基礎的情報を得る。
- ウ　複数の弁護士で対応する場合に、どの専門分野の弁護士と一緒に協働するのが相応しいのかを判断するための材料を得る。
- (2)　資料についての要望
  - 関係書類を広く収集・持参してもらうよう依頼する。
- (3)　利害相反の判断（弁護士法25条、弁護士職務基本規程27条、28条）
  - 事務所内でコンフリクト・チェックを行うための必要情報（相手方、事案の概要、利害関係人等）を得る。

2　事情聴取（面談・テレビ会議・ウェブ会議等）
- (1)　導入部分
  - 共通の話題を提供するなど、事実を包み隠さず話してもらえるよう信頼関係の構築に努める。
- (2)　事情聴取
  - ア　事件全体のイメージを早めに把握する。
  - イ　評価や結論ではなく、可能な限り生の事実を語ってもらう。
    - たとえば、できる限り誘導せず、回答を限定しないオープンな質問を行い、依頼者に自由な発想で先入観をもたずに話をしてもらうように心がける。
- (3)　詳細な事情聴取
  - ア　関係資料との整合性・矛盾点などを意識して事情聴取をする。
    - 特に、資料と矛盾する事実や資料の裏付けがない事実などについては、詳しい事実や周辺事実、背景事情なども聴取する。
  - イ　聴取内容をふまえ、ほかに関係資料がないかを確認する。
  - ウ　訴訟物、要件事実、判例等も意識しながら事実聴取する。
  - エ　業界用語・専門用語・略語等についてわからなければ、謙虚に質問して確認する（それで信頼関係が失われることはない）。
  - オ　面談メモに加えて、**時系列表**、**ブロック・ダイアグラム**、登場人物の関係図（必要であれば）を作成する。
- (4)　事件の見通しを説明する
  - ア　判例や法律論をふまえた根拠を説明する。資料・情報不足や法律論の調査が未了で、事件の見通しを説明できない場合には、見通しを述べることを留保するか、条件付で見通しを述べる。
  - イ　事件の見通しは、確定した結論ではないことをしっかり説明する。
    - 依頼者に有利な結果となることを請け負い、または保証してはならない（弁護士職務基本規程29条2項）。

(5) 追加調査・追加資料についての要望

　ア　不足資料や追加調査の必要性について具体的に説明する。

　イ　依頼者本人の方が資料等を取得しやすい場合には、依頼者に一部作業を分担してもらうことも検討する。

(6) とりうる手続の説明と選択

　ア　とりうる手続の選択肢を示す。

　イ　手続に要する時間・労力・コストをできるだけ詳しく説明する。

　ウ　最善と思われる法的手段とその理由を丁寧に説明する。

　エ　弁護士報酬の説明（弁護士職務基本規程24条）

　　(ア)　自ら定める報酬基準に従って報酬を算定し説明する。

　　(イ)　報酬は、経済的利益、事案の難易、時間および労力等その他の事情に照らして適切かつ妥当でなければならない（弁護士の報酬に関する規程2条）。

　　(ウ)　相談者から求められた場合には、算定根拠を示した報酬の見積書を作成する。

(7) 弁護士倫理の確認

　・秘密の保持（弁護士職務基本規程23条）

　・職務を行いえない事件（同27条、28条）

　・不当な事件の受任禁止（同29条3項）

　・複数の依頼者がいる場合の不利益事項の説明（同32条）

　・受任の諾否の通知（同34条）

　・共同事務所内の利益相反（同57条）

(8) 受任の手続

　・委任契約書の作成・締結

　・委任状・委任事項のチェック

2　要件事実について

　要件事実を意識することは必要ですが、まずはできるだけ、虚心坦懐に、詳しく事情を聞くことが大切です。

　意見・評価や結論ではなく、結論に至る生の事実経過を聞くように心がけましょう。結論を導くために必要な事実を正確にもれなく聴取することを心がけましょう。

　裁判所は、民事訴訟において、口頭弁論終結時を基準として、原告が訴訟物として主張する一定の権利または法律関係の存否について判断します。しかし、観念的な存在である権利や法律関係の存否を、同基準時において、直接に認識することはできません。権利の存否または法律関係の存否の判断は、その権利が発生したか、消滅したか等といった具合に、いくつかの法律効果の組合せによって導き出されます。実体法の多くはこのような法律効果の発生要件を想定したものであり、この発生要件は、講学上、法律要件または構成要件などと呼ばれています。権利の発生、障害、消滅等の各法律効果が肯定されるかどうかは、その発生要件に該当する具体的事実の有無に係ることになりますが、一般に、この事実を要件事実と呼んでいます。要件事実は間接事実と区別して主要事実と呼ばれることもあります。

3　事実の確認・評価

(1)　相　談　者

　相談者には、記憶違い・誤解もあれば、有利な事実をことさらに誇張し、不利な事実を過小評価して（ゆがめて）話そうとする場合もあります。相談者のいうことがすべて正しいとはいえないし、すべて立証できるわけでもありません。

(2)　事実の確認・評価

　どのように事実を確認・評価したらよいでしょうか。ポイントは以下のとおりです。

①　相談者の資料・証拠による裏付けはあるか。相談者が持参した資料、自宅にある資料、他人に預けている資料など、できるだけ多くの資料の提供を受けることが有用です。

　なお、弁護士自身による事実調査（現地調査）・資料の収集が必要とな

る場合もあります。弁護士は、第8章「立証活動」で述べるとおり、受任している具体的事件に関連して、職務上請求で戸籍謄本や住民票を取得することができます。弁護士法23条の2に基づく照会制度も弁護士にだけ認められた有効な証拠収集手段です。また、不動産の明渡しや交通事故の案件などでは、現場に足を運び、不動産の状況や事故現場等を写真撮影するなどして証拠化しておくことが重要です。

② 合理的な説明になっているか、不合理な点、矛盾点はないか。

(3) 資料の作成

相談にあたり、事案に応じて、以下のような資料を作成すると有益です。

ア 面談メモ

当事者や関係者からヒアリングした結果を記憶が鮮明なうちに、まとめておくことが重要です。このメモは、後々、訴状、答弁書、準備書面、陳述書その他の書類作成のみならず、証拠収集や訴訟方針のベースとなるものです。

イ 時系列表

事実認定にあたっては、事実相互の時間的前後関係が決定的な意味合いをもつことが少なくありません。A⇒B⇒Cの順番で発生しなければいけない事実経過がA⇒C⇒Bの順で発生したことになっていて不自然だとか、A⇒Bの間に最低でも1カ月程度の時間的経過が必要なはずだが、相手方の主張では15日間しか経過していないなど、**経験則**（第2章「民事訴訟手続における主張・立証の基本構造」第6参照）も時間軸をベースにしたものが多く見受けられます。

そこで、時間軸に沿って事実関係を表にまとめた時系列表の作成は有益です。動かしがたい事実を列挙し、それを検討することによって、事件の流れが浮かび上がり、事案の真相解明に役立ちます。また、対応する事実の箇所に証拠となりそうな資料も書き入れることで、主張と証拠の関係が理解しやすくなります。

時系列表は、後の準備書面作成や証人・本人尋問の際にも使えますので、よほど単純な事件以外では必ずつくるようにしましょう。時系列表の参考例として、書式1－1をあげます。

【書式1－1】 時系列表の一例：建物明渡請求訴訟

時 系 列 表

H20.4 . 1 　●●、本件建物をY会社に対して、事務所として賃料月額17万円で賃貸する旨の建物賃貸借契約締結（甲1〔賃貸借契約書〕、甲2〔不動産登記事項証明書〕）

H25.6 .20 　●●死亡。X、本件建物を相続により取得（甲3〔遺産分割協議書〕）。X、●●より賃貸人たる地位を承継

　　 10 . 1 　賃料を月額20万円に増額（甲4〔覚書〕）

H29.4 頃 　Y会社事務所の一部を店舗に改築、店舗営業開始

　　 8 末 　X、Y会社に対して口頭で無断改築注意

　　 9 .28 　X、Y会社に対して、更新拒絶通知発送（甲5の1〔内容証明郵便〕）

　　 9 .30 　上記通知到達（甲5の2〔配達証明書〕）

H30.4 . 1 　本件賃貸借契約の約定期間の経過

　　 4 .10 　X、Y会社に対して、本件建物明渡しの通知発送（甲6の1〔内容証明郵便〕）

　　 4 .11 　同通知到達（甲6の2〔配達証明書〕）

　　 4 .28 　Y会社から、無断改築には当たらない旨の通知受領（甲7〔内容証明郵便〕）

　　 5 . 5 　X、Y会社を被告として、建物明渡請求訴訟提起

ウ ブロック・ダイアグラム

ブロック・ダイアグラムとは、民事訴訟における攻撃防御方法を記載したものです（図表1－2参照）。第2章で述べる**民事訴訟手続における基本的な主張・立証構造**を表のかたちにまとめたのが、ブロック・ダイアグラムです。ブロック・ダイアグラムを作成することで、争点になりそうな事実（主要事実・間接事実）と立証責任の有無を正しく予測・判断することができま

図表1-2　ブロック・ダイアグラム

【建物明渡請求を例に】

○訴訟物：賃貸借契約の終了に基づく目的物返還請求権としての建物明渡請求権

○請求原因：用法違反（無断改築工事）による解除

あ	R元.1.30　X－Y、本件建物賃貸借契約 　　期間　2年間　　賃料　月額15万円
い	X－Y、(あ)の際、Xの承諾なく本件建物の改築・増築・修繕を行ったときは、催告なしに本件賃貸借契約を解除できるとの合意
う	R元.2.1　X→Y、(あ)に基づき本件建物引渡し
え	R2.3　X本件建物改装工事
お	R2.5.1　X→Y、本件賃貸借契約を解除するとの意思表示

【土地明渡請求を例に】

○訴訟物：使用貸借契約の終了に基づく目的物返還請求権としての土地明渡請求権

○請求原因：期間満了による契約終了

あ	H6.2.25　X－Y、本件土地使用貸借契約 　　期間　当初定めなし、H11.2.1に2年間と合意
い	H6.3.1　X→Y、(あ)に基づき本件土地引渡し
う	H13.1.31経過

す。

エ　登場人物の関係図

　関係図は、事件の関係者やその間に行われた法律行為などを図式化したものです（図表1-3）。関係者が多く登場したり、その間の取引関係や親族関係などが複雑な場合には、その関係性を図式化し視覚的に訴えることによっ

抗弁1 ——————————— 再抗弁1

改装工事につき背信性なし 背信性あり

か	背信性なしの評価根拠事実

き	背信性なしの評価障害事実

E2抗弁2 R2再抗弁2

黙示の承諾 承諾は書面によるとの特約

く	R2.1.20頃　X→Y、改装工事につき黙示の承諾

け	X－Y、㋐の際、改装工事には書面による承諾が必要であるとの合意

E ——————————— R

権利濫用 権利濫用なし

え	権利濫用の評価根拠事実

お	権利濫用の評価障害事実

て、思考の整理に役立ちます。

　当事者が少なく取引関係等が単純な場合には作成しなくてもよいでしょう。

図表 1 - 3　登場人物の関係図

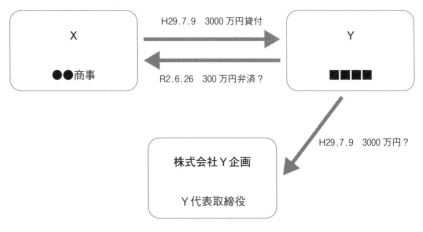

4　受任後の対応

　受任をしたらなるべく早く当該事案に着手しましょう。

　事情聴取を受けて面談メモを作成しても、人の記憶は薄れていくものです。特に弁護士は並行して多くの事案を処理する必要があります。記憶が鮮明なうちに当該事案に着手し、裁判例のリサーチや書面のドラフトまで済ませておくと、争点や課題が記憶に定着します。そして、当該事案に対処することになった場合にも、記憶喚起の時間を節約することができ、スムーズに事案の処理を行うことが可能となります。

第2　民事紛争解決のために

　紛争事件の解決は弁護士業務の要諦です。たとえ、読者の皆様が、将来企業法務、予防法務を中心とした業務に就くとしても、紛争解決方法について理解しておくことは不可欠です。優秀な弁護士となるためには、いろいろな紛争解決方法があることを理解し、それぞれの紛争解決方法の特徴を把握

し、依頼者にとって最も適切な方法を選択しなければなりません。

1　交　渉

(1)　交渉の仕方

まずは、相手方との直接交渉によって紛争の解決を目指すことを検討しましょう。相対交渉には2つあります。

① 本人交渉……弁護士を代理人とせず、依頼者本人が交渉を行います。この場合弁護士は、交渉にあたり、法律的なアドバイスをするにとどまります。

② 代理人による交渉……弁護士が依頼者本人から委任を受けて交渉を行います（書式1-2、書式1-3参照）。

一般論として、訴訟提起前に交渉がなされる場合が多いですが、なぜすみやかに訴訟を提起せずに交渉をするのでしょうか。

いくつか理由はあげられますが、訴訟は時間や手間、それにコストがかかります。交渉で迅速に解決できるのであれば、これらを節約することができます。

しかし、交渉のメリットはそれだけではありません。交渉には、相手方の意向や、主張・証拠を提示してもらうことによって、解決方針[1]を予測することができるというメリットもあります。さらに、相対による交渉が当事者を取り巻く社会状況に関連していることから、相対交渉をきっかけにして、紛争を合理的に解決できる場合もあります。たとえば、継続的な取引関係にある当事者間で、一方当事者の行為によって他方当事者に損害を与えたような場合、損害賠償金の支払によって解決するのではなく、長期的な取引関係のなかで価格を調整するなどしてその損失を解消できたり、場合によっては、相対の交渉をきっかけに、現在よりも良好な関係を築いたりすることが

1　どちらが有利か、解決するための条件、話合いによる解決の可能性、法的解決手段の有無などさまざまなことが考えられます。

できるかもしれません。

　では、交渉段階で、どの程度自分の主張を展開・開示すべきでしょうか。これは、事案によっては、時として非常にむずかしい問題です。ある程度具体的に主張を展開・開示しないと説得力のある交渉ができませんが、あまり詳細に主張しすぎると、訴訟になる前に手の内を明かすことにもなりかねません。交渉によって解決する見通しがどの程度あるのかを見極めることが重要となってきます。

【書式1-2】　委任契約書

委任契約書

　○○○○（以下「甲」という。）と××××法律事務所（以下「乙」という。）とは、次のとおり委任契約（以下「本件契約」という。）を締結する。

第1条（委任の範囲）
　甲は、乙に対し、●●●●の検討（以下「本件事務」という。）を委任し、乙は、これを受任する。

第2条（誠実処理）
1．乙は、弁護士法及び関連各法規に則り、誠実に本件事務の処理にあたるものとする。
2．乙は、本件事務の処理にあたり、乙が別途指定するパラリーガル等にその補助をさせることができる。

第3条（報酬）
1．本件事務の処理に係る乙の報酬（以下「本件報酬」という。）は、●万円（税別）とする。
2．乙は、本件事務の終了後、前項に定める報酬額を甲に請求するものとし、甲は、乙が別途指定する銀行口座に振込送金する方法により、これを支払うものとする。振込みに要する費用は甲の負担とする。

第4条（実費等の取扱い）
　甲及び乙は、通信費、謄写料その他本件事務の処理に要した費用及び立替

経費（以下「実費等」という。）は、本件報酬に含まれることを確認する。ただし、実費等が多額に上った場合は、その取扱いについて別途甲乙間で協議し取り決めるものとする。

第5条（中途終了による報酬等の処理）

甲及び乙は、本件契約に基づく本件事務の処理が、乙の解任、辞任又は継続不能により中途で終了した場合、その後の対応について協議し取り決めるものとする。

第6条（利害相反）

乙は、利害相反（コンフリクト）の生じる可能性のある事項については、日本弁護士連合会の弁護士職務基本規程の定めるところに従って行動するものとする。

第7条（雑則）

本件契約に定めのない事項又は本件契約の解釈に疑義が生じた事項については、甲及び乙が誠実に協議の上、これを解決するものとする。

甲及び乙は、本件契約の成立を証するため本書を2通作成し、各自保管するものとする。

令和2年●月●日

　　　　　　　　　甲)

　　　　　　　　　乙)

【書式1－3】 訴訟委任状

訴訟委任状

平成○○年○月○○日

住　所　〒○○○－○○○○
　　　　東京都△△区□□丁目○○番○号
委任者　甲　山　一　　郎印

　私は、次の弁護士を訴訟代理人と定め、下記の事件に関する各事項を委任
します。

弁護士　甲　野　太　　郎
○○○○弁護士会所属
住　所　〒○○○－○○○○
　　　　東京都○○区××○丁目○番○号○○ビル○階
　　　　甲野法律事務所
電　話　03－○○○○－○○○○
ＦＡＸ　03－○○○○－○○○○

記

第1　事　　件
　1　相手方
　　　被告　○　○　○　○
　2　裁判所
　　　○○地方裁判所
　3　事件の表示
　　　○○○○請求事件
第2　委任事項
　1　原告がする一切の行為を代理する権限
　2　反訴の提起
　3　訴えの取下げ、和解、請求の放棄若しくは認諾又は訴訟参加若しくは
　　　訴訟引受けによる脱退
　4　控訴、上告若しくは上告受理の申立て又はこれらの取下げ
　5　手形訴訟、小切手訴訟又は少額訴訟の終局判決に対する異議の取下げ
　　　又はその取下げについての同意

（出典）　日本弁護士連合会「役立つ書式」から引用。https://www.nichibenren.or.jp/ legal_advice/oyakudachi/format.html

(2)　内容証明郵便の活用

　交渉でよく利用されるのが内容証明郵便です。内容証明郵便とは、郵便として差し出した文書の内容を日本郵便株式会社から証明してもらう特殊取扱郵便物のことです。内容証明郵便は一般書留とされます[2]。内容証明郵便は、種々の事実証明の手段として利用されることが多いですが、それ以外の目的でも広く利用されています。内容証明郵便によって証明できるのは、①差出人および受取人、②差し出された郵便物の文書の内容、③差し出した日付（および時間帯）ですが、同時に配達証明を利用することにより、④当該文書が受取人に配達された事実および日付（および時間帯）についても証明することが可能となります。

　このような機能から内容証明郵便は、以下のような場面で利用されています。

①　後日訴訟その他の場面において、意思表示や通知をした事実、内容、時期等を立証する必要がある場合

②　意思表示や通知の内容が重要なもので、受取人に差出人側の強固な意思を示す等、心理的な効果をねらう場合

③　確定日付が対抗要件となっている観念の通知や催告等の意思の通知を行う場合

　書式1-4のとおり、上記②の文例として、売買代金の支払を求める内容証明郵便をあげます。

2　内容証明郵便は一般書留ですが、平成13年2月1日から、内容証明郵便を電子化した電子内容証明サービスが実施されています。このサービスはインターネットを通じての受付であるため、24時間可能となりました。

〒●●● − ●●●●
東京都港区芝●丁目●番●号
株式会社××××
代表取締役　◇◇◇◇様

令和２年12月４日
〒○○○ − ○○○○
東京都千代田区丸の内●丁目●番●号
◆◆◆◆法律事務所
ＴＥＬ　03 −××××−××××
ＦＡＸ　03 −××××−××××
▼▼▼▼株式会社代理人
弁護士　□□□□　　　　印

通　知　書

拝啓　時下益々ご清祥のこととお慶び申し上げます。

1　当職は、▼▼▼▼株式会社（以下「通知人」といいます。）から委嘱を受
　けましたので（注１）、通知人を代理して、貴社に対し、以下のとおり通知致
　します。
2　通知人は、貴社との間で、令和２年４月５日付けで、通知人製の工作機
　械１台（以下「本製品」といいます。）を貴社に販売することなどを内容と
　する下記売買契約（以下「本件売買契約」といいます。）を締結しました。

記

(1)　売買代金：600万円
(2)　引渡時期：令和２年11月30日
(3)　代金支払時期：
　　　ア　本契約結時　300万円
　　　イ　引渡時　300万円
(4)　遅延利息：上記支払を怠った場合には、当該未払金額に対し年８％の率
　　　　　　　を乗じて計算した金額を支払う。
3　貴社は、本契約締結時に300万円を支払ったものの、通知人が令和２年11
　月30日に本製品を貴社に引渡したにもかかわらず、残金の300万円が未払い

となっております。

 4 そこで、通知人は、本件売買契約に基づき、貴社に対し、本製品の売却代金300万円および令和2年12月1日から支払済みに至るまで年8％の割合による遅延損害金の支払を求めます^(注2)。

  万が一、本書面到達後2週間以内^(注3)に、誠意あるご回答も頂けない場合には、やむを得ず、法的手続を採らざるを得ませんことを念のため申し添えます。

  なお、本件に関しましては、当職が担当することとなりましたので、今後のご連絡・ご回答等につきましては、通知人ではなく、当職宛にお願いいたします^(注4)。

敬具

（注1）　受任文言は必ず記載しましょう。
（注2）　できるだけ訴訟物がわかるように記載しましょう。
（注3）　2週間と記載する例が多いですが、事案に即して記載するようにしましょう。
（注4）　なお書きの記載は、交渉窓口を一元化するとともに、相手方がクレーマー等の場合に当事者への直接的なコンタクトを回避することができます。

2　紛争処理制度

 交渉により解決できないような紛争については、以下のような紛争処理制度の利用を検討します。

（1）　裁判手続

ア　民事訴訟手続

 民事訴訟は、民事訴訟法と民事訴訟規則に定められた手続にのっとって、訴訟当事者である原告・被告がそれぞれ主張・立証し、裁判所にその主張事実を認めてもらう手続です。詳細は第2章以下をご参照ください。

イ　民事訴訟手続の特別手続

 民事訴訟については、通常訴訟のほか、手形または小切手による金銭の支払請求を対象とする手形・小切手訴訟（民事訴訟法350条ないし367条）や、60万円以下の金銭の支払請求を対象とする少額訴訟（民事訴訟法368条ないし381条）といった特別の訴訟があり、原則として1回の期日で審理を終える、証

拠は文書に限る等、審理の簡易・迅速化が図られていますが、手続保障の観点から当事者には通常訴訟への移行を求める権利が認められていることもあってか、実務的にはさほど多くは利用されていません。

支払督促は、金銭その他の代替物または有価証券の一定の数量の給付を目的とする請求について、債務者がこれを争わない場合に債権者に簡易的・迅速に債務名義を取得させる手続です。支払督促は裁判所書記官が発するもので裁判ではありませんが、督促異議により通常訴訟に移行しますので（民事訴訟法395条）、広義では、民事訴訟手続の特別手続ということができます。

ウ　民事訴訟手続に関連する諸手続

㋐　民事執行手続

金銭債権者（原告）の申立てによって、裁判所が約束を履行しない債務者（被告）の財産を差し押さえて、換価し、債権者に分配するなどして、債権者の債権を回収する手続を、一般に、民事執行手続といいます。民事執行手続には、強制執行手続や担保権の実行手続、その他の手続があります。詳細は第10章「民事執行」をご参照ください。

㋑　民事保全手続

債権者（原告）が勝訴判決を得て強制執行を行うまでには一定の時間を要します。しかしながら、勝訴判決を得るまでの間に債務者（被告）に財産を処分されてしまっては、勝訴判決が無意味になりかねません。民事保全手続は、そのような事態を防ぐために、債務者の財産を一時的に処分できないようにしておく手続です。詳細は第11章「民事保全」をご参照ください。

コラム　非訟手続

裁判所が処理する事件のうち、民事訴訟以外の民事事件のことをいいます。

一般には、民事訴訟は実体的権利関係を確定して紛争を解決する手続であり、非訟事件は国家が私人間の生活関係に介入して命令・処分を行い調整する手続といわれています。具体的には、非訟事件手続法が適用される借地非訟事件（借地借家法第4章）、会社非訟事件（会社法第7編第3章）、同法が

準用される労働審判事件（労働審判法29条1項）、家事事件手続法が適用される各種の家事事件がこれに当たります。近年、社会状況が複雑化・高度化に伴い、従来は訴訟事件であったものが非訟事件として扱われる傾向にあり、「訴訟の非訟化」と呼ばれています。

(2) 裁判以外の紛争処理制度

ア ADR

　読者の皆様もADRという言葉を聞いたことがあると思います。「Alternative（代替的）」「Dispute（紛争）」「Resolution（解決）」の頭文字をとって「ADR」です。「代替的紛争解決手続」「裁判外紛争解決手続」などと呼ばれています。

　ADRは、広義では、判決などの裁判によらない紛争解決方法をいい、民事調停・家事調停、訴訟上の和解、仲裁および行政機関や民間機関による和解、あっせん（斡旋）などを意味します。このうち、民事調停や訴訟上の和解は、民事訴訟手続に付随する手続として裁判所において行われますが、ADRは、必ずしも法に拘束されず、紛争の実情に即し、条理にかなった解決を目指す点に特徴があります。

イ ADRの分類

　ADRを分類すると、おおむね、以下のようになります。多くのADRがあることがわかります。

(ア) 裁判所系：民事調停、家事調停

　これらは訴訟よりも話合いで解決するのが望ましい案件について、裁判所の関与のもとに話合いが行われます。訴訟提起の前に、まずは調停をすることを法的に義務づける制度を**調停前置主義**といいます。**賃料増減額請求**（借地借家法11条、32条）、**離婚訴訟**（家事事件手続法257条）などがあげられます。

(イ) 行政機関系：労働委員会、建築工事紛争審査会、国民生活センターなど

(ウ) 民間系：交通事故紛争処理センター、各製品分野のPLセンター、医事紛争処理委員会、弁護士会の仲裁センターなど

　最近は、国際仲裁が利用されるケースが急激に増えています。国際的な仲裁機関としては、国際仲裁裁判所（ICC）、ロンドン国際仲裁裁判所（LCIA）、米国仲裁協会・紛争解決国際センター（AAA-ICDR）、シンガポール国際仲裁センター（SIAC）、香港国際仲裁センター（HKIAC）、日本商事仲裁協会（JCAA）等があります。

コラム　金融ADR

　金融ADRとは、金融機関との間の金融取引をめぐる紛争を抱える顧客が、第三者機関の協力を得て、紛争を解決しようとする制度をいいます。平成21年6月の金融商品取引法改正により金融ADRに関する規定が法律に盛り込まれ、平成22年10月より指定紛争解決機関が活動を開始し、本格的に金融ADRが実施されるようになりました。一般にADRは、訴訟と違い、当事者同士の対等な話合いに基づいて紛争を解決する制度ですが、金融ADRの場合には、消費者保護の観点から、金融機関側のみに片面的な義務を課しているという点に特徴があります。具体的には、金融機関のみに、①手続応諾義務、②費用負担義務、③資料提出・説明義務が課せられるほか、あっせん人から特別調停案が提示された場合には、金融機関には、一定期間内に裁判を提起しない限り同案を受諾する義務があります。

　現在、一般社団法人全国銀行協会（全銀協）、特定非営利活動法人証券・金融商品あっせん相談センター（FINMAC）など8機関が指定紛争解決機関として金融ADRを実施しているほか、東京三弁護士会（東京弁護士会、第一東京弁護士会、第二東京弁護士会）の仲裁センター・紛争解決センターなどが、指定紛争解決機関が存在しない業態の金融機関（信用組合、信用金庫や投資顧問業者など）を当事者とする金融ADRに対応しています。平成29年には資金決済に関する法律（「資金決済法」）の改正により、新たに仮想通貨の売買・

交換等が規制の対象になり、仮想通貨交換業者にも金融ADR対応義務が課されることになりました。なお、さらなる同法の改正により（令和元年5月成立）、仮想通貨の呼称は「暗号資産」に変更されました。

平成22年10月の制度施行後、金融ADRの利用件数は、従前の金融トラブルのあっせん案件に比べても大きく増加しており、注目されています。

(3) 民事訴訟手続とADRの相違点

民事訴訟手続とADRでは多くの点で違いがあります。

図表1－4のようにADRは民事訴訟手続とは多くの相違がみられるところですが、依頼者の利益を実現するために法律要件に事実を当てはめることや、証拠をもって主張を裏付けるという点は、後に述べる**民事訴訟手続における主張・立証の基本構造**と共通です。したがって、ADRに臨むうえでも、民事訴訟手続における主張・立証の基本構造を正しく理解し、証拠に基づく主張・立証方法を身につけることが重要であることは、変わりありません。

また、将来は予防法務を中心とする業務に携わることを希望される方々にとっても、万が一紛争処理制度を使った場合に、どのような手続がとられるのか、また、どのような結論が予想できるのか、を依頼者にわかりやすく説明することが求められます。

このような意味においても、民事訴訟手続の仕組みだけでなく、裁判以外の紛争処理制度を理解しておくことは重要なのです。

(4) 紛争解決方法を選択する際の留意点

ア 紛争解決方法の選択

紛争ではまず当事者間（弁護士を代理人とする交渉も含む）の交渉による解決を目指すのが通例ですが、交渉では解決がむずかしい案件については、紛争処理制度の利用が検討されることになります。

当事者がプライバシーや企業秘密にかかわる紛争や当事者において紛争が

図表1－4　訴訟、調停、仲裁の比較

	訴　訟	調　停	仲　裁
実施主体	裁判所	裁判所 各種業界または消費者団体	各種業界・消費者団体・仲裁機関
申立ての要件	特になし（ただし裁判管轄）	特になし	仲裁合意の存在
申立てに応じる義務	欠席すると全部敗訴となる	なし（金融ADRなど例外もあり）	訴訟のような欠席判決はなされないが、欠席すると不利な判断が下される可能性が高い
審理形式・判断権者	裁判官が当事者の主張・立証に基づいて判決を下す	調停委員が当事者の主張を聴き、話合いによる解決を目指す	仲裁人が当事者の主張・立証に基づいて仲裁判断を下す
最終形態	判決、和解、取下げ等	調停の成立または不成立	仲裁判断
強制執行力	あり	ただちに強制執行はできない（裁判所における調停は例外）	あり
不服申立ての可否	可（上訴）	否	否
公開性	公開	非公開	非公開

あること自体またはその内容の公開を望まないような事案の場合には、ADR等非公開の裁判外の紛争解決方法が選択されることがあります。また、法的請求が認められない可能性が高いものの相手方にも一定の非があり、相手方もある程度の譲歩することが期待される場合には、裁判外の紛争処理制度が利用されることがあります。さらに、当事者が感情的になっているが、公平な第三者が間に入れば冷静な協議が行われ解決が見込まれるような事案の場合にも、これらの制度の利用を検討する余地はあります。

　いずれにしても相手方がまったく話合いに応じるつもりがない場合には、ADR等の裁判外の紛争処理制度による解決はむずかしいため、事前の交渉によって相手方が譲歩する余地があるかを探る必要があります。

イ　民事訴訟手続の選択

　他方で、民事訴訟手続による解決を目指すかどうかを判断するにあたっては、以下のような事項を考慮する必要があります。

① 訴訟において勝訴する見込み

② 訴訟で求めた内容が実現できる見込み

③ 費用対効果

　①は当たり前のことですが、勝訴の可能性がまったくない訴訟を提起しても費用倒れに終わるだけです。主張内容や証拠、交渉経緯等をよく吟味して、**民事訴訟手続における主張・立証の基本構造**に照らして、どの程度勝訴の可能性があるのかを見極める必要があります。

　②は、たとえば、貸金返還請求訴訟という給付訴訟を例にとれば、実際にいくら回収ができるかということです。せっかく勝訴しても、相手方が無資力で回収ができないのであれば、判決書は絵に描いた餅になりかねません。この点は、第10章の「民事執行」で述べます。

　③は、訴訟を提起・遂行するには費用がかかります。訴訟に要する費用には訴状に添付する印紙代や切手（郵券）代等がありますが、最も金額が大きくなるのは弁護士費用です。また、訴訟を弁護士に委任した場合であっても、当事者は、弁護士に任せっぱなしというわけにはいかず、証拠の提出をしたり、事実関係のヒアリングに応じたり、または、証人尋問（法人の場合等）や本人尋問などの対象になる場合もあります。このように、訴訟遂行には時間と労力がかかるものです。これらのコストをかけても裁判をするだけの価値があるかどうかはよく検討しなければなりません。

　なお、上記は主として訴訟の経済面に着目しましたが、訴訟を提起するか否かを判断するにあたっては、必ずしも金銭評価できない重要な要素があります。それは、訴訟という手続を通じて自らの正当性を認めてもらうこと、人としてまたは企業人としての矜持を保つために訴訟が行われる場合もあることは知っておかなければなりません。

ウ　紛争解決方法の選択

　いずれにしても、どのような紛争解決方法を選ぶかは、それぞれの手続の
メリット・デメリットをよく理解したうえで、交渉の結果や上記で述べたさ
まざまな事項等をふまえて判断されることになります。

第 **2** 章

民事訴訟手続における
主張・立証の基本構造

第1 はじめに

　民事訴訟手続において、やみくもに自分の言い分を主張しても、裁判所は認めてくれません。実体法で定められた法律要件に該当する具体的な事実を主張することが必要です。法的三段論法とは、大前提たる法規に小前提たる具体的事実を当てはめて法律効果を導き出す推論方法ですが、これを実践するのが民事訴訟手続です。ただ、読者の皆様が学部で学んだ実体法の勉強と異なるのは、法律要件に当てはめる事実を自分で探してこなければならない点と、それを証拠によって立証しなければならない点です。いくら法律要件に該当する事実を主張したとしても、それを証拠で裏付けることができなければ、勝訴することはできず、依頼者の求める法律効果は実現できません。

　民事訴訟は、民事訴訟法と民事訴訟規則に定められた手続にのっとって、訴訟当事者である原告・被告がそれぞれ主張・立証し、裁判所にその主張事実を認めてもらう手続です。したがって、訴訟代理人として、勝訴または有利な和解をするためには、裁判所が、どのような思考プロセスで事実認定をしているのかを知ることが肝要です。この思考プロセスこそが、**民事訴訟手続における主張・立証の基本構造**ということになります。

　この**民事訴訟手続における主張・立証の基本構造**は、訴状や答弁書、準備書面の作成から争点整理、人証、和解に至るまで、訴訟審理のすべての過程で意識をする必要があります。少し理屈っぽい話ですが、民事訴訟手続を理解するにあたってきわめて重要ですので、少し我慢してお付合いください。

第2 処分権主義と弁論主義

　まず、民事訴訟手続において主張・立証の基本構造を正しく理解するためには、訴訟審理の内容に関する重要な2つの原則の理解が必要です。それが

処分権主義と弁論主義です。

　訴えの提起にあたっては、だれが（原告）、だれを相手方として（被告）、いかなる権利または法律関係につき（訴訟物）、どのような判決を求めているのか、ということが明らかにされなければなりません。すなわち、訴えにおいては、審判の対象が特定・表示されなければなりません。訴状に記載された審判の対象について、当事者が攻撃防御を尽くし、裁判所が判断しますが、訴状に記載された審判の対象は裁判所を拘束し、裁判所は当事者が申し立てていない事項については裁判をすることはできません（民事訴訟法246条）。審判の対象が、民事訴訟手続の基礎であって、明確に特定され、かつ表示されなければならないのはこのためです。また、訴えを提起し訴訟の審判の対象を提示するのが当事者の権能であることから、これを終了させる権能も当事者にあります。訴えの取下げ、請求の放棄・認諾、訴訟上の和解などです。このように、訴訟の開始、訴訟物の特定、訴訟の終了を当事者の権能とする建前を**処分権主義**といい、民事訴訟の基本原則の一つです。

　もう一つの重要な民事訴訟の基本原則に**弁論主義**というものがあります。**弁論主義**は、裁判をするために必要な裁判資料（事実と証拠）の収集・提出を当事者の権能かつ責任とする原則のことです。

　いずれの原則も、近代法の基本原理である**私的自治の原則**の訴訟法への反映の結果であるといわれますが、**処分権主義**は訴訟の始まりと終わりを画するものであるのに対して、**弁論主義**は、審理の過程にかかわる原則で、主として事実と証拠の収集・提出についてのものです（図表2－1参照）。

　いずれの原則も重要ですが、民事訴訟手続における主張・立証の基本構造を理解するには、弁論主義の理解が最も重要ですので、以下では、弁論主義の内容について少し詳しく説明します。

図表2－1　処分権主義と弁論主義

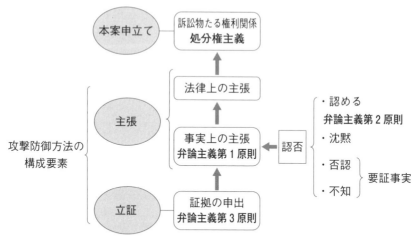

（出典）　『民事訴訟法講義案（三訂版）』（司法協会）133頁から引用。

第3　弁論主義の3原則

弁論主義は以下の3原則から構成されます。

1　主張責任

第一の原則は「**主要事実は、当事者が主張しない限り、裁判の認定の基礎とすることは許さない**」というものです。

当事者は自己に有利な主要事実について主張しておかないと、仮に証拠上その存在が認められたとしても、その事実は存在しないものとして扱われ、不利益を被ることになります。一方、裁判所は、当事者から主張のない事実を証拠から認定して判決の基礎にすることはできません。

主張責任の機能としては、裁判所の審理の具体的範囲を定めると同時に、当事者は相手方の主張した事実に対してのみ攻防を尽くせばよくなるため、**不意打ち防止**の機能をもちます。

なお、弁論主義は、裁判所と当事者との間の関係を規律するものであり、当事者相互の関係を規律するものではありませんので、主張はいずれの当事者がしたものであっても、裁判所はこれを認定の基礎にすることができます。

2　自白の拘束力

　第二の原則は「**当事者間に争いのない主要事実（自白した事実および自白したとみなされる事実（民事訴訟法159条1項））はそのまま証明なしに裁判の基礎にしなければならない**」というものです。

　すなわち、裁判所は、当事者間に争いのない事実は、これを証拠によって認定する必要がないのみならず（民事訴訟法179条）、これと異なる事実を認定することは許されません。

3　職権証拠調べの禁止

　第三の原則は「**争いのある事実（主要事実に限らない）を認定するための証拠は原則として当事者が申し出たものによらなければならない**」というものです。

　もっとも、裁判所は、当事者が申し出た証拠であっても、必要がないと認めるものは取り調べないことはできます（民事訴訟法181条1項）。

　なお、上述のとおり、弁論主義は、裁判所と当事者との間の関係を規律するものであり、当事者相互の関係を規律するものではありませんので、証拠申請はいずれの当事者がしたものであってもかまいません。

第4　弁論主義の対象

　上述のとおり、弁論主義は、「裁判をするために必要な裁判資料（事実と証拠）の収集・提出を当事者の権能かつ責任とする原則」、すなわち、平た

くいえば、**当事者が主張を裁判所に認めてもらうためには、自ら主張・立証しなければならないという原則**です。

ここまではよいとして、それでは、訴訟当事者はどのような**事実**と**証拠**を提出すべきでしょうか。

弁論主義を理解するためには、いかなる事実が弁論主義の対象となるかを知っておく必要があります。裁判所の専権領域である**法規の適用**や**法的評価**については、弁論主義は及びません。当事者は、**実体法に定められた法規の各要件に該当する事実を主張・立証する**ことによって、裁判所に訴訟物たる権利関係を判定してもらうことになります。

訴訟上の事実としては、主要事実、間接事実、補助事実があります。以下、順に説明します。

1 主要事実

主要事実とは、法律効果（権利の発生、変更、消滅）の発生に直接必要な事実をいいます。要件事実論の考え方によれば、要件事実が主要事実であるということになります。要件事実という言葉からもわかるように、当事者は、法律効果を発生させるためには、主要事実を欠かさず主張しなければなりません。

たとえば、売買代金請求訴訟では、**原告と被告が売買契約を締結したこと**が訴訟物たる売買契約に基づく売買支払請求権の発生を基礎づける主要事実となります（民法555条参照）。

また、貸金返還請求訴訟（要物契約としての消費貸借（民法587条））においては、

① 原告と被告が金銭の返還の合意をしたこと

② 原告が被告に対し金銭を交付したこと

③ 原告が被告との間で弁済期の合意をしたこと[1]

④ 弁済期が到来したこと

が訴訟物たる消費貸借契約に基づく貸金返還請求権の発生を基礎づける主要

事実となります（民法587参照）。そして、これに対して、被告から、たとえば、権利の発生を障害するものとして錯誤の**抗弁**が提出される場合や、弁済、免除、消滅時効などは権利の消滅をもたらす**抗弁**が提出される場合があります。消滅時効の抗弁に対して、原告からさらに、時効の更新事由の**再抗弁**が提出される場合もあります。

　これらの抗弁や再抗弁もまた、実体法の規定する構成要件に該当する事実を主張・立証して権利の消滅等の法的効果を導こうとするものであり、やはり**主要事実**に当たります。

　主要事実は当然**弁論主義**の対象となります。

2　間接事実

　間接事実は、主要事実の存否を**推認**するのに役立つ事実です。この推認は**経験則**等によって行われることになります。

　たとえば、法人に対する貸金返還請求訴訟において消費貸借契約の成否が争点となった場合を例にとります。借用書や契約書など直接にこれを証明する証拠がないときには、「契約が成立したと主張する頃に当該被告会社は運転資金に窮していた」「その直後に設備投資を行った」などの間接事実から金銭の授受を推認することがあります。これらは、会社の経営状況の変化からなんらかの金銭収入があった可能性が高いという**経験則**を適用した結果です。このように間接事実は、主要事実を証明するための手段であり、**証拠**（たとえば契約書）と同様の機能を営むことになります。

　ここで注意が必要なのは、間接事実が弁論主義第１原則（主張責任）と第２原則（自白の拘束力）の対象とならないことです。間接事実は、上記の意味で証拠と同様の機能をもつことから、間接事実を弁論主義の対象に含める

1　③は、消費貸借契約が一定の価値を一定の期間借主に利用させる性質を有し、目的物の交付を受けるや否や直ちに返還することはおよそ無意味であるから、このようないわゆる貸借型の契約類型にあっては、弁済期の合意は契約の本質的要素であると解した場合の主要事実となります。

と、弁論主義第 1 原則（主張責任）との関係では、裁判所は、証拠からある間接事実を認めることができる場合であっても、当事者が主張しない限りこれを用いて推認を行うことができなくなって、裁判所の**自由心証主義**の制約になるからです。また、弁論主義第 2 原則（自白の拘束力）との関係では、裁判所が存在しないと考えている間接事実について自白があれば拘束力が生じてしまい、やはり**自由心証主義**が制約されてしまうからです。

　したがって、間接事実は、当事者が弁論で主張しなくても、証拠によって弁論に顕出されれば、裁判所はこれを判決の基礎に採用することが許され、また当事者の主張に現れた間接事実と異なる間接事実を証拠として認定することもできます[2]。

　このように、主要事実と間接事実との区分は、弁論主義第 1 原則（主張責任）の適用範囲の分水嶺であり、裁判所の訴訟運営や当事者の訴訟活動の指針となり、争点確定、立証活動の道標として重要な役割を担っています（『民事訴訟法講義案（三訂版）』（司法協会）123 頁)[3]。

3　補助事実

　補助事実は、証拠の**証明力**[4]（書証の成立、証拠の信用性等）に影響を与える事実をいいます。文書の証明力に関しては、たとえば、当該文書に押印されている印影が実印によるものであることは当該文書の証明力を高める方向で作用します。一方で、当該文書が別の目的で作成されたものであることは証明力を減殺する方向で作用します。供述の信用性に関しては、証人が当事者の一方と特別の利害関係を有することは、当事者に有利な証言をする可能

2　もっとも、実際の訴訟運営においては、重要な間接事実は、争点整理の過程を通じて、裁判所と当事者との間で十分な討論を重ねることは有益かつ重要なことです。
3　正当事由（民法110条）、過失（民法709条）等一般条項、基本的評価概念により要件が構成されている規定については、その評価を成立させるためには、その成立を基礎づける事実（評価根拠事実）が必要となりますが、法規が要件として規定する「規範的事実」を主要事実として、評価根拠事実を間接事実として理解すべきか、あるいは評価根拠事実を主要事実と解すべきか争いがあります。
4　証拠力、証拠価値ともいいます。

性が高いことから、信用性を減殺する方向で作用します。また、証人の供述
内容が自然であることや客観的事実と符合していることは、その供述の信用
性を高める方向で作用します。補助事実にも弁論主義は適用されません。

第5 証拠（直接証拠と間接証拠）

　証拠については、第7章「証拠」で詳しく述べますが、ここでは主張事実
と証拠との関係について述べます。

　直接証拠は、**主要事実**を直接に証明するための証拠をいいます。処分証書
（その文書によって法律行為が行われた文書。売買契約書、遺言書、手形等）がそ
の典型です。

　間接証拠は、**間接事実**や**補助事実**を証明するための証拠であり、間接的に
主要事実の証明に役立つものをいいます。たとえば、金銭消費貸借契約の締
結が要証事実になった事案において原告が貸付日の前日に貸付金額と同額を
自分の預金口座から払い出したことを示す預金通帳は間接証拠となります。
また、これは、「被告にお金を貸した」という原告の供述（補助事実）の信
用性を証明するための間接証拠にもなりえます。

コラム　直接証拠と間接証拠

　直接証拠は、要証事実である主要事実を直接に証明できる内容をもつ証拠
です。他の事実を解することなく要証事実を認定できる点で間接証拠と区別
されます。売買契約の成立が要証事実の場合、売買契約書といった書証が直
接証拠になりますが、当事者本人が売買の合意をしたという供述や陳述書の
記載も直接証拠になります。では、売買の合意をしたという発言を買主から
聞いた第三者の証言はどうでしょうか。この場合、「売買としたこと」と「売
買をしたことを聞いた」ことは事実としては別ですので、「売買をしたことを
聞いた」ことは「売買をしたこと」の間接事実となり、それを裏付ける証拠

（証言）ですので、間接証拠となります（『事例で考える民事事実認定』（法曹会）12頁）。

第6　経　験　則

1　経験則とは

　経験則は、社会生活における経験から帰納された事物に関する知識や法則をいいます。

　「このような場合には、必ず、このようなことが生じる」といった物理法則ないし自然法則、あるいは「人は、このような場合には、通常、このような行動をとらない」といった人の思考や行動パターン等であり、それには、一般常識に属するものから、職業上の技術や専門科学上の法則までが含まれます（『事例で考える民事事実認定』（法曹会）46頁）。

　経験則は、その法則性の強さに応じて、必然性のある経験則（「このような場合には、必ずこのようなことが生じる」）、蓋然性のある経験則（「このような場合には、通常、このようなことが生じる」）、可能性のある経験則（「このような場合には、このようなことが生じることがある」）に分類することができます。

　第7章「証拠」で説明しますが、私文書の成立の真正についての「本人または代理人の署名または押印があるとき」の推定規定（民事訴訟法228条4項）も、**本人または代理人が文書にその意思に基づいて署名または押印をしている場合には、その文書全体が同人の意思に基づいて作成されていることが通常であるという経験則**を基礎としています。

　経験則は事実認定のあらゆる過程において重要な役割を果たしています。すなわち、事実認定は、最終的には実体法規の定める**主要事実**を対象とするものですが、その過程で、それを積極に基礎づけるあるいは消極に作用する**間接事実・補助事実**を判断・決定しつつ、その取捨選択・証拠評価をしなが

ら行われるものです。この過程を支えるのが経験則です。1個あるいは数個の間接事実から主要事実または間接事実を推認するのも経験則の作用となります。直接証拠または間接証拠により、主要事実あるいは間接事実、補助事実を証明する場合の証拠資料の証明力も経験則をふまえて判断されます。

2　経験則の適用にあたって留意すべきこと

　このように経験則は、事実認定のあらゆる過程において、有用な機能・役割を果たしています。

　しかし、経験則は、**必然性のある経験則**を除き、例外を伴うため、経験則を固定的なルールのようにとらえるべきではなく、具体的な事情に応じて修正がありうることを十分にふまえたうえで、経験則の内容や強弱を考慮しつつ、慎重にその適用の可否を判断する必要があります（『事例で考える民事事実認定』（法曹会）46頁）。

　たとえば、人は自分に不利な嘘はつかないという経験則があります。したがって、争点との関係で当事者が自分に不利益な事実を自認している場合、この事実は、特別な事情がない限り、真実である可能性が高いといえます。ただし、人は供述した事実よりももっと不利な事実があり、その事実を隠そうとして些細な不利益事実を供述する場合や、自分に有利な事実を供述する過程で不利益な事実を供述する場合もないとはいえず、このような場合には、この経験則は適用されません。また、この経験則は、供述者が有利か不利かを判断できることを前提にしていますので、その事実が供述者にとって不利といえるかどうかの判断がむずかしい場合には、経験則が適用されない可能性があることにも留意が必要です（『事例で考える民事事実認定』（法曹会）61頁）。

3　経験則の立証

　一般人が知っているような経験則で、事実認定に利用しても裁判の客観性が確保されているといえるものについては証明の必要はありませんが（最判

昭36.4.28民集15巻４号1115頁）、特殊専門的な経験則については、証明の対象になると解されています（『民事訴訟法講義案（三訂版）』（司法協会）181頁）。

第7　民事訴訟手続における主張・立証の基本構造の概念図

　以上の概念の関係を図にまとめると以下のようになります。図表２－２は上述の**民事訴訟手続における主張・立証の基本構造**を理解するうえで非常に重要です。

　図表２－２は１つの主要事実について記載したものですが、複数の主要事

図表２－２　民事訴訟手続における主張・立証の基本構造のイメージ図

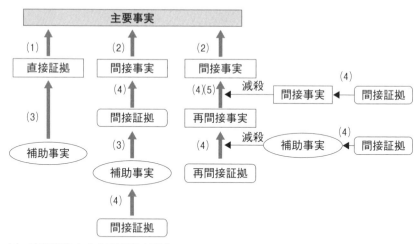

(1)　直接証拠から主要事実を認定
(2)　間接事実から主要事実を推認
(3)　補助事実から直接証拠、間接証拠の信用性を判断
(4)　間接証拠（再間接証拠も含む）や再間接事実から間接事実や補助事実を認定
(5)　再間接事実から間接事実を推認
（注）　(4)では間接事実は証拠と同じ認定機能をもっていることを示しています。

実が存在する場合には、自白が成立しない限り、争いのある主要事実それぞれについて図のような主張・立証の基本構造が当てはまります。被告に**抗弁**がある場合や原告に**再抗弁**がある場合には、被告の抗弁を構成する主要事実や原告の再抗弁を構成する主要事実についても、同様の主張・立証の基本構造が当てはまることになります。

第8　民事訴訟における事実認定の対象と方法

1　事実認定の対象

　民事訴訟における事実認定の対象は何でしょうか。すでにおわかりかと思いますが、法律要件に該当する具体的事実（主要事実）のうち、相手方が**自白**した事実および顕著な事実は事実認定が不要ですので（民事訴訟法179条）、それ以外が事実認定の対象となります。

　すなわち、民事訴訟における事実認定の対象は、**争いのある主要事実**ということになります。そして、争いのある主要事実を認定するためには、当然のことながら、**間接事実**による推認や**補助事実**による証拠の信用性判断が必要になりますので、争いのある間接事実や補助事実も、検討の対象となります。

2　事実認定の方法

　裁判所は、事実認定においては、証拠調べの結果および弁論の全趣旨[5]をしん酌して、自由な心証により、判断することとされています（民事訴訟法247条）。

　事実認定の方法は、司法研修所で本格的に学ぶことになると思いますので、ここでは詳細には述べることはしません。紛争のもととなる事実は社会

5　弁論の全趣旨とは、口頭弁論に表れたいっさいの訴訟資料から証拠調べの結果を除いたものをいい、当事者の主張の内容や攻撃防御方法の提出時期等がこれに当たります。

的な事象の積重ねであって単独に存在するものではありません。そこには背景事情や当事者の心情・動機などが複雑に絡み合っています。このため、当事者の主張はストーリー性をもって主張されることが多いのですが、そのストーリー（主張）だけをみていても、いずれの当事者の主張が正しいのかが判明しないことが多いと思われます。そのような場合には、**民事訴訟手続における主張・立証の基本構造**をふまえながら、「動かしがたい事実」[6]を確定して、それが当事者の主張する各ストーリーのなかの事実とどれだけ整合するかを検討し、いずれの当事者の主張がより信用できるのかを判断するという方法がとられることがあります（『事例で考える民事事実認定』（法曹会）56頁以下）。

第9 民事訴訟手続の主張・立証における基本構造の理解から導かれるポイント

1 実体法・要件事実の理解の重要性

　民事訴訟手続は、権利関係の発生の有無（法律効果の発生の有無）の判断を裁判所に求める手続であることから、まずは、権利関係の発生を規定する実体法規の要件に該当する要件事実（主要事実）が何かを理解するのが出発点です。

　すなわち、実体法の理解と要件事実（主要事実）の理解が不可欠となります。売買契約、賃貸借契約、請負契約、委任契約等の典型的な契約、代理の要件等民法総則に関する規定、一般不法行為の要件や使用者責任等実務上問題となることの多い実体法規に規定された法律効果の発生要件とその発生案件に該当する具体的事実（要件事実）を十分に理解しておきましょう。

6　「動かしがたい事実」としては、「争いのない事実」「当事者の供述等が一致する事実」「成立の真正が認められ信用性が高い書証に記載された事実」「不利益事実の自認」などがあげられます（『事例で考える民事事実認定』（法曹会）58〜61頁以下）。

ただ、要件事実を形式的に理解するだけでは不十分です。

ここで、元最高裁判事の那須弘平弁護士の言葉を引用します。

「裁判においては、実体法の条文に記された個々の要件を原告・被告のどちらかが主張すべきか、その振り分けを知っているというだけでは、専門家の能力として不十分である。実務家に要求されるのは、そのような振り分けをするだけでなく、それぞれの要件に該当する具体的事実を社会的な事実の中から括りだして文章化したり、その法的位置づけや真否について的確に判断し、行動する能力である。」

「弁護士の場合は、実体法が規定する要件を念頭におきつつ、依頼者から提示される雑然とした社会的事実の中から法的主張に直結する重要な具体的事実を探し出して再構成し、訴状に請求原因として記載したり、答弁書に抗弁として記載したりする能力が何よりも要求される。さらには、争点整理においてこれらの具体的事実の法的位置づけや真否をめぐって論争し、裁判官や相手方を説得し、必要に応じ立証活動をする能力も必要になる、これら要件に該当する具体的事実を抽出し、摘示し、論証し、判断する能力こそ実務家にとって肝心なものであって、実務家レベルでの『要件事実』論の核心を成す。」（那須弘平「要件事実論の多層性―弁護士から見た『要件事実』―」判例タイムズ1163号20頁（2005年））

2　間接事実、経験則、証拠の重要性

(1)　間接事実の重要性

　紛争は、人の社会生活のなかで発生する社会現象です。紛争は、さまざまな事実が相関連して因果の鎖でつながっています。法律行為は、人の行為である以上、相手の行動や一定の社会的事実などの客観的要因および行為の主体の性格や感情等の主観的要因の双方を考慮してその効力を判断せざるをえません。そして、法律上の権利・義務の存否は、それをめぐる社会環境、社会事象、動機、人間性などを離れて論じることはできません。

また、多くの事案では、争いのある要件事実（主要事実）の存否が直接的な証拠のみによって証明されることは少なく、その要件事実（主要事実）の存否を推認させ、または不存在を推認させる間接事実の存在が争われます。実質的な攻防の争点は、間接事実の存否にあることが少なくありません。

　したがって、裁判所に早期かつ的確に事案や争点を把握してもらうため、なぜ争点となっている当該法律行為をするに至ったのか、どのようなことから紛争が生じるに至ったのかといった紛争の背景や争点となる要件事実（主要事実）の存否を推認させる間接事実、さらには、重要な証拠の証明力に関する補助事実などの関連事実を主張していく必要があります。

　すなわち、民事訴訟の実務では、直接証拠がある場合はそれほど多くはなく、このような場合は、間接事実の積重ねによって要件事実（主要事実）を推認するというプロセスにならざるをえません。また、仮に直接証拠がある場合でも、その証拠の証明力は間接証拠、補助事実によってテストされ、このテストをクリアすることによってはじめて認定の基礎とされるのですから、間接事実・補助事実と経験則とのかかわりを的確に把握することがきわめて重要になります。

(2)　経験則の重要性

　経験則は、経験から帰納された事物に関する知識や法則であり、一般常識に属するものから、職業上の技術、専門科学上の法則まで含まれます。およそ人が論理的に事物を判断する場合には、必ずなんらかの経験則を前提にしています。裁判官も、この助けを借りなければ、当事者の主張の趣旨を理解することも、証明力を合理的に評価し、そこから事実を認定することもできません。これほどに経験則は民事訴訟において重要なものです。

　他方で、経験則は、法則とはいっても、Ａという前提の事実と推認される可能性のあるＢの事実の関係は、必ずしも常に必然的（Ａがあれば必ずＢがある）ないし蓋然的（Ａがあれば通常Ｂがある）とは限らず、単に可能性があるにすぎない場合（Ａがあれば Ｂがあることもある）もあり、多種多様です。

また、蓋然性、可能性といっても、個々の経験則によってそれぞれこの確実性の程度を異にします（『民事訴訟法講義案（三訂版）』（司法協会）181頁）。

このため、間接事実・補助事実と経験則とのかかわりを的確に把握することは容易ではなく、そのような能力は一朝一夕で身につくものでもありません。豊かな経験と知識と想像力が必要です。そのような想像力はどうやって身につけるのでしょうか。残念ながら特効薬はありません。世の中で起こっていることに関心をもち、多くの経験を積み、日々まじめに研鑽を積み重ねることによってしか得ることはできません。

(3) 証拠の重要性

争いのある事実について証拠調べをするには、原則として、当事者が申し出た証拠によらなければなりません（弁論主義第3原則）。したがって、いくら立派な主張をしても証拠がなければ意味がありません。いかに重要な直接証拠・間接証拠（書証だけでなく人証も含まれます）を集めるかがポイントとなります。

第 3 章

民事訴訟手続の流れ

第1 はじめに

　民事訴訟は、民事訴訟法・規則に定められた手続にのっとって、訴訟当事者がそれぞれの主張を展開し、立証（反証）し、裁判所にその主張事実を認めてもらう手続です。理想的な民事訴訟手続は、**裁判所が当事者および訴訟代理人と協力して、早期に紛争の全体像を把握し、的確な争点および証拠の整理をしたうえで、整理された争点について最良の証拠を提出し合って証拠調べを集中的に行い、これに基づいて最も適切な紛争の解決を図る**ことです（『民事訴訟第一審手続の解説（第4版）』（法曹会）1頁）。

　このような公正かつ迅速な訴訟運営を実現するためには、裁判官だけでなく、当事者および訴訟代理人が、訴訟進行の各段階において、各々その責任を十分に果たすことが必要です。そのためには、**裁判官、当事者および訴訟代理人それぞれが、それぞれの置かれている立場を理解しながら、協力して訴訟を進めていくことが重要**となります。このような観点から、民事訴訟法は、当事者は、信義に従い誠実に訴訟を遂行しなければならないとし（2条）、当事者は、主張および立証を尽くすため、あらかじめ、証人その他の証拠について事実関係を詳細に調査しなければならないとし（民事訴訟規則85条）、当事者に調査の義務を負わせています。

　では、実際の民事訴訟はどのような手続を経て、裁判所の認定（判決）に至るのでしょうか。

　以下においては、訴えの提起から判決確定に至るまでの訴訟手続の流れを概観します。

第2 訴えの提起

1 訴状の受付

　民事訴訟の第一審手続は、訴えの提起により開始されます。

　具体的には、原告が、訴状を裁判所に提出します（民事訴訟法133条1項）[1]。

　訴状は、受付係の裁判所書記官によって、訴状の記載事項、作成名義人の表示、押印、落丁の有無等の形式的事項のほか、管轄、作成名義人の資格、所定の手数料等の納付・郵券の予納（民事訴訟費用等に関する法律3条、11条〜13条）、訴状に添付すべき附属書類の具備等の審査が行われた後に受け付けられ、各部に配てんされ、各部においてさらに特定の裁判体に配てんされます[2]。

　地方裁判所においては、事件は、原則として単独裁判官によって審判されるため（裁判所法26条1項）、合議体が審理および裁判を合議体ですると決定したもの（同条2項1号。複雑で困難な事件や訴額が特に大きい事件等）を除いて、単独裁判官に事件が配てんされるのが通例です。なお、いったん単独裁判官の担当となった事件が合議体に移されることもあります。

2 訴状審査

(1) 事件配てん後の訴状審査

　訴訟記録が担当の裁判官に回されると、裁判官は、まず**訴状審査**を行います。訴状審査は**補正命令**（民事訴訟法137条1項）を発する前提として必要な

1　例外として、簡易裁判所における口頭による訴えの提起（民事訴訟法271条）、訴え提起前の和解が不調の場合における当事者双方の申立てによる訴訟の意向（民事訴訟法275条2項）、督促異議の申立てによる訴訟への移行（民事訴訟法395条）があります。
2　各裁判所では、公正を担保するため、あらかじめ事件配てんの順序を定め、事件が提起された場合には、定められた順序に従って、自動的に、担当裁判官に配てんされるようにしています。

だけでなく、効率的に訴訟を運営するための事前準備のためにも重要です。

補正命令を発する前提としての訴状審査は、

① 訴状の必要的記載事項（民事訴訟法133条2項）が記載されているか

② 民事訴訟費用等に関する法律3条所定の手数料相当額の印紙が貼られているか

などの形式的事項についてのみ行われます。

補正が必要な場合には、裁判長は、原告に対して必要な補正を促し、あるいは相当の期間を定めて補正命令を発し（民事訴訟法137条1項）、その期間内に補正されないときは、命令で訴状を却下します（同条2項）。

これに加えて、裁判官が、この段階で、**攻撃方法としての請求原因、重要な間接事実**および**証拠の記載**や**添付書類**について検討します。これが迅速な訴訟運営を図るという観点からの訴状審査です。

充実した審理を図るための訴訟運営の一環として、裁判長は、訴状の記載について必要な補正を促す場合には、裁判所書記官に命じて行わせることができます（民事訴訟規則56条）[3]。

また、裁判官は、審理を開始する前に、**請求原因の要件事実**を念頭に置きながら、訴状の記載内容を検討し、それが不明確である場合には、訴状の補正として、その主張を訂正・補充するように促すべきであるとされています（民事訴訟規則56条）。これは、第1回口頭弁論期日から実質的な審理が行われるために効果的であり、迅速な訴訟運営を図るためにも重要です。

なお、裁判官が早期に適切な審理計画を立て、事件の種類や内容に応じた実質的な審理を行うためには、当事者から早期に、訴訟の進行に関する意見やその他訴訟進行に参考とすべき事項の聴取（民事訴訟規則61条1項）をす

3 　実務では、裁判所書記官に訴状審査の結果を「訴状審査表」等に記載して裁判官に報告させる方法をとるのが一般的です。審査事項は、当事者、収入印紙、委任状、資格証明書等の形式的な事項に加え、**請求の趣旨と請求の原因との対応関係、附帯請求、重要な間接事実等の記載、事実と証拠との対応関係の記載**など、早期の紛争把握、争点整理、審理の充実等を志向した記載事項もあります（『民事訴訟第一審手続の解説（第4版）』（法曹会）20頁）。

ることが必要です。そして、第1回口頭弁論期日前に実施される参考事項の聴取は、裁判官が行うより、当事者と折衝する機会の多い裁判所書記官に行わせる方が適切な場合が多いため、裁判所書記官に行わせることができるとされています（同条2項）。

すなわち、第1回口頭弁論期日では、実質的に争いのない事件（自白事件、被告欠席による擬制自白事件、公示送達事件）と、そうでない事件の振分けをすることになります。実質的に争いのない事件については、裁判所は、**調書判決**の方法（民事訴訟法254条）によって直ちに判決を言い渡し[4]、事件を完結させることができます。実質的に争いのある事件については、**争点整理**を進めるため、口頭弁論を続行することが適当な事件を除き、適切な争点等の整理手続[5]を選択することになります。このような振分けを容易にするためにも、参考とすべき事項の聴取は役立ちます。

(2) 補正命令

訴状審査をした結果、上記(1)①または②に不備があれば、裁判長は、原告に対して必要な補正を促し、あるいは相当の期間を定めて**補正命令**を発します（民事訴訟法137条1項）。その期間内に補正されないときは、裁判長は、命令で訴状を却下します（同条2項）。

3 訴状の送達、期日の指定および呼出し

裁判長は、訴訟要件が欠けていないような通常の場合には、訴状審査終了後、必要な事前準備を行ったうえ、すみやかに**口頭弁論期日を指定**し、訴状と同時に第1回口頭弁論期日の呼出状を被告に**送達**することになります（民事訴訟法139条、87条、93条、94条）。

---

4 公示送達の事件については証拠調べが必要です。
5 争点等の整理手続としては、準備的口頭弁論（民事訴訟法164条以下、民事訴訟規則86条以下）、弁論準備手続（民事訴訟法168条以下、民事訴訟規則88条以下）、書面による準備手続（民事訴訟法175条以下、民事訴訟規則91条以下）の3種類が設けられていますが、実務上は、ほとんどのケースで、弁論準備手続が利用されています。

送達は、当事者その他の利害関係人に対し、訴訟関係資料の内容を知らせる裁判所の訴訟行為であり、審理方式に関する双方審尋主義（憲法82条参照）の前提条件として重要なものです。

訴状の適法な送達は、**訴訟要件**の一つであり、送達不能の時は、命令により訴状は却下されます（民事訴訟法138条2項）。

一般に、送達は裁判所書記官の事務であり（民事訴訟法98条2項）、原則として職権によって行います（同条1項）。送達については、郵便送達報告書が作成されます（法109条）。

裁判所は、上記のとおり、訴状送達と同時に期日の呼出をすることになりますが、その際に、被告に対して**答弁書催告状**も発送されます（民事訴訟法162条）。通常期日の1週間前が答弁書の提出期限とされます。

なお、第1回口頭弁論期日は、特別の事由がある場合を除き、訴えが提起された日から30日以内の日に指定しなければなりません（民事訴訟規則60条2項）。

第3　口頭弁論手続・弁論準備手続と証拠調べ

1　口頭弁論手続

(1)　口頭弁論手続の意義

裁判長による第1回口頭弁論期日の指定（民事訴訟規則60条）後、口頭弁論が開かれます。口頭弁論とは、公開の法廷において、裁判官および裁判所書記官が出席し、直接、当事者双方の口頭による弁論を聴く手続のことです（公開主義、双方審尋主義、直接主義、口頭主義）。

訴訟当事者に対して、口頭弁論手続における攻撃防御の機会を保障する趣旨から、民事訴訟は、判決で裁判をするには、原則として口頭弁論を開いて審理しなければならず（民事訴訟法87条1項本文）、しかも裁判の資料は、必

ず口頭弁論に現れたものに限るとされています。

　裁判長による第1回口頭弁論期日の指定後、争点に特に複雑なところがなければ、4、5回の口頭弁論期日で争点整理と書証の取調べが完了することが多いといわれています（瀬木比呂志『民事訴訟法』（日本評論社）8頁）。

(2)　口頭弁論手続の実施方法

　原告が、訴状に基づき、**請求の趣旨**および**請求の原因**を陳述し、被告は、答弁書に基づき、請求の趣旨に対する答弁と請求原因に対する認否を行い、**抗弁**[6]があればそれを提出します。その後、原告は抗弁の認否をし、**再抗弁**[7]があればそれを提出するという流れで進行します。そして、当事者間に争いのある事実については、**証拠**によって認定する必要が生じます（民事訴訟法179条）。

　そこで、裁判所は、当事者の主張を整理して、争点を明らかにし（これを**争点整理**といいます）、その争点について証拠の申出をさせ、証拠決定をしたうえで証拠調べを行います。当事者の主張・立証が尽くされて判決に熟すると裁判所が判断すれば口頭弁論は終結されます（民事訴訟法243条）。口頭弁論期日が数回にわたる場合でも、すべての口頭弁論は一体としてとらえられ（口頭弁論の一体性）、等しく判決の基礎とされるため、続行期日ごとに従来の口頭弁論をやり直す必要はありません。

　もっとも、平成8年の民事訴訟法改正で、攻撃防御方法の**随時提出主義**から、当事者は攻撃防御方法を訴訟の進行状況に応じて適切な時期に提出しなければならないとする**適時提出主義**に改められたことから（民事訴訟法156条）、口頭弁論の一体性にかかわらず、攻撃防御方法を適切な時期に提出しなければならず、これに違反した場合には、**時機に後れた攻撃防御方法とし**

6　請求原因と両立し、かつ、請求を排斥するに足りる事実であって、被告が主張・立証責任を負うもの。
7　被告の抗弁に対して、原告が、抗弁事実に基づく法律効果を排斥するために、これと両立する新たな別個の事実を主張すること。

て、却下されることがあります（民事訴訟法157条1項）。

2　争点整理

(1)　争点整理の意義

争点整理の内容は、

① 　当事者の主張する主要事実およびその存否に影響する重要な間接事実の確定

② 　そのうち争いのある事実と争いのない事実の確定

③ 　争いのある事実を立証するための証拠の整理

です。

読者の皆様のなかには、当事者が訴状や答弁書や準備書面で主張している事実を整理するだけで法的な争点が明らかになっており、あらためて争点整理をすることは必要がないと思われる人がいるかもしれません。しかし、あわせて書証や書証として提出予定の文書のほか、文書送付嘱託や調査嘱託の要否などを検討し、場合によっては、当事者本人や企業の業務担当者の説明を聴き、それまでに行っていた当事者の主張がまったく根拠のないものであったり、誤解に基づくものであったり、または、まったく争いのない事実であったりする場合もあり、真の争点が別の所にあることが明らかになる場合もあります（『民事訴訟第一審手続の解説（第4版）』（法曹会）37頁）。

上記①～③の争点整理を行うことによって、真の争点が浮彫りになり、これを立証し判断するのに必要かつ適切な書証や人証（証人・本人尋問）も自ずと決まってくるものであり、また、取り調べられる証拠も整理されてきます。

このように、実務では、**証拠を無視して実効性のある争点等の整理を実現することは困難**です。主張だけでなく証拠も吟味し、紛争の実体を的確に把握することによって、真の争点が洗い出され、その立証に必要な証拠が整理され、充実した証拠調べが可能となります。

(2) 弁論準備手続

弁論準備手続は、一般に、法廷以外の準備手続室などを利用して争点等の整理を行う手続で、準備書面の提出、文書の証拠調べ、証拠の申出に関する裁判[8]、口頭弁論の期日外においてすることができる裁判[9]、和解等もできるため（一部受命裁判官は行うことができない裁判もあるので注意が必要です。民事訴訟法171条2項）、上述のとおり、実務上広く利用されています。

なお、実務上は、争点整理は弁論準備手続で行われることが多いですが、口頭弁論手続の時間を少し長めにとる、または、口頭弁論手続を数期日に分けて実施するという方法で、口頭弁論手続のなかで**争点整理**がなされることもあります（瀬木比呂志『民事訴訟法』（日本評論社）285頁）。

(3) 釈　　明

裁判所は、このような充実した争点整理を実施するために、適切に釈明権を行使する必要があります（民事訴訟法149条1項）。釈明[10]は、当事者の主張に矛盾や不正確あるいは不十分な点がある場合に、主張内容や事実関係、法律関係を明らかにするため、事実上、法律上の事項について質問し、または証拠の提出を促して、事案の解明を図りつつ適正な訴訟運営を実現するために行われるものです。

当事者が適切な弁論を尽くすことができるように裁判所が協力して弁論主義の活性化を図るものであり、**弁論主義を補充**するものといえます。

(4) 弁論準備手続の実施方法

弁論準備手続は、一般に、裁判所と当事者が、ラウンドテーブル法廷や準

8　証拠調べをする決定、文書提出命令、文書送付嘱託や調査嘱託の決定など。
9　訴えの変更の許否の裁判、補助参加の許否の裁判など。
10　本来は裁判所が行うのが「求釈明」で、求釈明に応じて当事者が行うのが「釈明」ですが、実務上、多くの場合、「釈明」という用語は「求釈明」の意味で用いられます。

備手続室等を利用して、事実および証拠について率直な意見交換をしながら、紛争の実体に立ち入って争点を整理します。

3　集中証拠調べ

争点整理が終了すると、人証について**集中証拠調べ**が行われます（民事訴訟法182条）。集中証拠調べは、数名の人証について、1期日に2時間（半日で行う場合）から6時間程度（1日かけて行う場合）の時間をかけてすべての尋問が行われます。合議体の複雑な事件で尋問をする人の数が多い事件では、2期日程度、場合によっては各半日ではなく1日かけて尋問を行うこともあります。この場合でも、できるだけ直近の期日を指定するなどして集中的に尋問を行う運用がなされています。

集中証拠調べは、証拠調べの準備のための回数が少なくすみ、同じ事実について各人証に重複して尋問することを避けることができ、**対質**（民事訴訟規則118条、126条）ができるなど、きわめて効率的であり、また裁判官の心証形成が比較的容易で、裁判所が新鮮な心証にも基づき早期に適正な判断を行うことができるといわれています（『民事訴訟第一審手続の解説（第4版）』（法曹会）47頁）。

従前実務では、複数の人証を取り調べる場合、五月雨式に行われていましたが、審理期間の長期化を招くという批判から、現在実務では集中証拠調べ（民事訴訟法182条）が採用されています。

近時集中証拠調べが普及した背景の一つに、当事者本人等の関係者による事件に対する認識を要領よくまとめて記載した**陳述書**（書証）の活用があげられます。陳述書の活用により、人証の採否、尋問のポイント、尋問時間等が把握しやすくなり、計画的な証拠調べが実施しやすくなりました。また、陳述書は、証拠開示的な機能をも果たし、争点整理にも大きな役割を果たしています。

なお、実務では、当事者が人証調べの段階で提出を考えている弾劾証拠等ごく一部の証拠を除けば、争点整理までの間に、重要な書証はほとんどすべ

てが提出されています（適時提出主義）。したがって、集中証拠調べは、書証ではなく**人証**の集中証拠調べを意味することになります。裁判官の心証は、準備書面（訴状、答弁書も含む）の陳述、書証の取調べ、争点整理が進行するにつれて徐々に形成されていくものであって、集中証拠調べの際に、はじめて心証が形成されるというものではありません。

第4　和　　解

　訴訟上の和解は、訴訟の係属中に、当事者が訴訟物である権利または法律関係に関して、お互いに譲歩して争いを解決し、訴訟を終了させることを内容とする期日における合意をいいます。和解は、判決と並ぶ重要な紛争解決の方法で、和解が調書に記載されたときは、その記載は、確定判決と同一の効力を有します（民事訴訟法267条）。実務上、訴訟上の和解によって事件が終局する例は多く、本格的に争われる事件の6割ないし3分の2程度は和解によって終了しているといわれています（瀬木比呂志『民事訴訟法』（日本評論社）9頁）。

　裁判所は、審理のどの段階でも和解を試みることができますが（民事訴訟法89条）、実際に和解が行われるのは、争点整理の終了後（集中証拠調べ前）と集中証拠調べ後の2回が多いといえます。

　和解による解決の利点としては、

① 　紛争の早期における最終的・抜本的解決ができる
② 　条理、実情にかなった柔軟な解決ができる
③ 　債務の自発的な履行が期待できる

ことなどがあげられます。

　和解における裁判官の役割は重要です。訴訟当事者の言い分を相互に伝えるだけでは不十分で、的確な事件の把握、バランス感覚、熱意が、当事者を動かし、和解を成立させる方向に働きます。このため、裁判官は、紛争解決

に熱心なあまり、和解を強引に勧めているといった誤った印象を抱かれないように留意しなければなりません（『民事訴訟第一審手続の解説（第4版）』（法曹会）49頁）。

なお、和解において裁判所が心証を開示することは、その範囲、方法、程度に十分配慮すれば、裁判所の公平・中立性を害するものではなく、その内容が適正であれば、かえって和解に対する国民の信頼を増すとされています（『民事訴訟第一審手続の解説（第4版）』（法曹会）50頁）。

訴訟代理人には、依頼者の権利・利益を擁護し、紛争を適正、合理的に解決するという使命があります。したがって、訴訟代理人は、あらかじめ**依頼者の意向を十分に確認**し、時には和解期日において、依頼者と一定の距離を保ちながら、相手方代理人と冷静に交渉することが求められます。

第5　判決言渡し

訴訟が裁判をするのに熟した状態（民事訴訟法243条1項）になると、口頭弁論が終結され、裁判官の評議、判決書作成を経て、判決言渡しがなされます。

判決は言渡しによってその効力が生じます（民事訴訟法250条）。判決の言渡しは、当事者の一方または双方が不出頭でもすることができます（民事訴訟法251条2項）。実務では、判決言渡しの際に当事者が出頭することはまれです。

口頭弁論の終結の日から判決の言渡しまでの期間は、原則として2カ月以内と定められています（民事訴訟法251条1項）。

第6 上　訴

終局判決に対する上訴には、控訴および上告があります。

1　上訴の判断

　敗訴した場合には、訴訟代理人は依頼者との緊急の打合せが必要になりますが、上訴するかどうかは以下のような事項を考慮して決められます。

① 　上訴して逆転勝訴できる見込み……判決内容を慎重に検討し、認定事実を覆すだけの新しい証拠があるか、判決の事実認定や評価が経験則上不自然・不合理といえるかがポイントとなります。

② 　強制執行の回避の必要性……敗訴者に資産がある場合には、強制執行により当該資産を失う可能性があります。また、強制執行に基づく差押えがなされると、信用が大きく失墜したり、差押え等が契約の解除条項として規定されたりしている場合には、取引先との重要な他の契約が解除されてしまうリスクもあります。このような場合には、上訴によって強制執行を回避する必要があります。

③ 　上訴審での和解の可能性……勝訴者による強制執行による回収可能性、費用を考慮すると、控訴審で和解したほうが勝訴者にとってもメリットがある場合があります。このような場合には、敗訴者が和解含みで上訴する場合があります。

④ 　同種事件への影響……敗訴者が同種の訴訟を抱えているような場合には、敗訴判決を確定させてしまうと、他の事件に影響する場合があります。このような場合には、政策的な観点から上訴する場合があります。

2　上　告

　高等裁判所の控訴事件の判決（原判決）に対して不服がある場合には、その理由に応じて**上告提起**と**上告受理申立て**という2つの手続をとることがで

きます。

　上告提起（民事訴訟法312条）は、原判決について憲法違反や法律に定められた重大な訴訟手続の違反事由が存在することを理由とする場合の不服申立ての方法です。最高裁判所に対する上告理由は限られていることの反面として、**上告受理申立て**（民事訴訟法318条）の制度が設けられています。**上告受理申立て**は、原判決について判例違反その他の法令の解釈に関する重要な事項を含むことを理由とする場合の不服申立ての方法です。

　なお、不服申立ての理由がどちらにも該当する場合には、**上告提起と上告受理申立て**の両方を申し立てることができます。

　上告審における判決言渡しがあると判決が確定し、訴訟は終了します。

第7　民事保全と民事執行

　以上が通常訴訟手続の流れですが、訴えの提起以前に、民事保全手続（第11章「民事保全」参照）がとられることもあります。

　また、債務名義成立後、相手方が任意に支払をしない場合には、仮執行宣言付判決、また確定判決等に基づき、不動産執行、債権執行、動産執行等の強制執行手続（第10章「民事執行」参照）が行われる場合もあります。

　このように、民事保全、民事執行の各手続は、通常訴訟手続の前後に位置する、通常訴訟手続ときわめて関係の深い手続であるといえるため、民事訴訟手続とあわせて理解をしておく必要があります。

図表 3 − 1 　民事訴訟手続の流れ

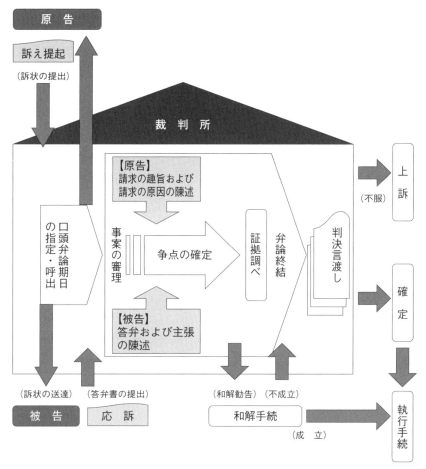

（出典）　法務省「裁判手続の流れ」http://www.moj.go.jp/shoumu/shoumukouhou/
　　　　shoumu01_00022.html

図表3－2　民事訴訟手続の流れと本書各章の対応関係（貸金返還請求を例に）

0　受任、仮差押え
　　債権者は債務者の不動産を仮差押え
　「第1章　事件の受任」「第11章　民事保全」「第8章　立証活動」
1　原告訴訟提起
　　原告訴状と証拠を提出
　「第4章　訴状」
2　被告答弁書提出
　　被告答弁書と証拠を提出
　「第5章　答弁書・準備書面」
3　第1回口頭弁論
　　訴状、答弁書陳述
4　第2回、第3回口頭弁論
　　原告被告双方準備書面陳述、書証を提出
　「第5章　答弁書・準備書面」
5　第1回弁論準備手続（争点整理、和解）
　「第6章　争点整理・弁論準備手続」
6　第4回口頭弁論
　　集中証拠調べ（証人尋問、当事者尋問）
　「第7章　証拠」「第9章　模擬裁判」
7　和解期日
　　和解決裂
　「第3章　民事訴訟手続の流れ」「第9章　模擬裁判」
8　第5回口頭弁論
　　原告被告双方最終準備書面提陳述
　「第5章　答弁書・準備書面」
9　判決言渡
　　その後判決は確定したものの、被告借入金の返済に応じず
10　強制執行
　「第10章　民事執行」

第 **4** 章

訴　　状

第1　訴状の意義

　訴状とは、原告が民事訴訟の訴えを提起するために裁判所へ提出する書面です（民事訴訟法133条1項）。民事訴訟第一審の訴訟手続は、原則として、すべて訴状の提出によって開始され、訴状の記載を中心として、原告と被告の攻撃防御が展開されることになります。

第2　訴状の準備と訴状提出のタイミング

1　訴状の準備

　攻撃または防御の方法を記載した訴状は、準備書面を兼ねるものとされており（民事訴訟規則53条3項）、その記載を中心として、原告と被告の攻撃防御が展開されることになるため、訴状の中心となるこの部分は、**民事訴訟手続における主張・立証の基本構造**をふまえて記載する必要があります。

　そのためには、詳細な事実調査を行い（民事訴訟規則85条）、当事者と訴訟物を正確に把握し、原告の攻撃方法と予想される被告の防御方法・立証手段を十分に検討することが重要です。すなわち、**実体法規を構成する要件事実（主要事実）、間接事実**の有無について十分な検討や必要に応じて類似事案の裁判例の調査等を行い、依頼者（原告）が求める法律効果を発生させるための法律構成を慎重に検討する必要があります。また、**直接証拠、間接証拠、補助事実**についても検討し、不足する証拠があれば、可能な限り、依頼者に収集を依頼し、または、自ら収集する必要があります。

　これらの作業を怠ったまま不十分な主張事実や法律構成が記載された訴状を提出した場合には、裁判所の印象が悪くなるだけでなく、後の訴訟運営に支障をきたすばかりか、訴えの変更をしなければならなくなった場合にこれが認められないというような事態にもなりかねません。

なお、第1章「事件の受任」で述べたとおり、訴状の準備にあたり、詳細な事実関係のヒアリングに加えて、時系列表（前掲書式1−1）、ブロック・ダイアグラム（前掲図表1−2）、登場人物の関係図（前掲図表1−3）の作成が有用です（前掲図表1−1参照）。

2　訴状提出のタイミング

依頼者の利益を考えれば、訴訟提起はなるべく早く行われるに越したことはありません。

しかし、事案の検討が不十分なまま提訴することは望ましくありません。答弁書と異なり提出期限のない訴状については、権利の消滅時効期間の到来が迫っているというような特別な事情がない限り、ある程度の日数・時間をかけて、慎重に検討・準備しましょう。

第3　訴状作成上の留意事項

1　訴状の形式

訴状には、必ず記載しなければならない必要的記載事項が定められているほか、効率的な審理判断に資するために記載することが望ましい事項があります。これらをもれのないように記載し、また、裁判所や被告がその内容を理解しやすいように、民事訴訟実務の慣行として、訴状は一定の形式にしたがって作成されます（書式4−1参照）。

訴状は、

①　表題部（民事訴訟法133条1項参照）

②　日付（民事訴訟規則2条1項4号）

③　管轄（民事訴訟規則2条1項5号）

④　当事者の表示等

　・当事者および法定代理人（民事訴訟法133条2項1号、民事訴訟規則2条1

項1号）

・送達場所の表示（民事訴訟法104条1項、民事訴訟規則41条1項・2項）

⑤　事件の表示（民事訴訟規則2条1項2号）

⑥　訴訟物の価額（民事訴訟法8条、9条参照）

⑦　請求の趣旨（民事訴訟法133条2項2号、民事訴訟規則53条1項）

⑧　請求の原因（民事訴訟法133条2項2号、民事訴訟規則53条1項）

⑨　関連事実（民事訴訟規則53条1項・2項）

⑩　証拠方法（民事訴訟規則55条1項1号）

⑪　附属書類（民事訴訟規則2条1項3号）

の順序で記載するのが通常です。

【書式4－1】　訴　　状

収入
印紙

（3万1600円）

訴　　状（注1）

平成13年〇月〇日（注2）

〇〇地方裁判所民事部（注3）　御中

原告訴訟代理人弁護士　　甲　野　太　郎　印

〒〇〇〇－〇〇〇〇　東京都△△区□□〇丁目〇〇番〇号（注4）
原　　　　　告　甲　山　一　郎
〒〇〇〇－〇〇〇〇　東京都〇〇区××〇丁目〇番〇号□□ビル〇階
甲野法律事務所（送達場所）
上記訴訟代理人弁護士　　甲　野　太　郎
電　話　03－〇〇〇〇－〇〇〇〇
ＦＡＸ　03－〇〇〇〇－〇〇〇〇
〒〇〇〇－〇〇〇〇　東京都△△区□□〇丁目〇番〇－〇〇〇号
被　　　　　告　乙　川　次　郎

保証債務請求事件^(注5)

　　訴訟物の価額^(注6)　　470万円
　　ちょう用印紙額　　　3万1600円

第1　　請求の趣旨^(注7)
　1　被告は、原告に対し、470万円及びこれに対する平成9年10月1日から
　　支払済みまで年3割の割合による金員を支払え。
　2　訴訟費用は被告の負担とする。
　3　仮執行宣言
第2　　請求の原因^(注8)
　1　金銭消費貸借契約の締結
　　　　原告は、乙川明子に対し、平成9年7月1日、470万円を次の約定で貸
　　し付けた。
　　　　　弁済期　　　　　　平成9年9月末日
　　　　　利息　　　　　　　年1割5分
　　　　　期限後の損害金　年3割
　　　　　（甲1、2、原告及び証人明子）
　2　明子の債務不履行
　　　　明子は、弁済期が経過しても貸付金の返済をしない（争いがないと思
　　われる。）。
　3　連帯保証契約の締結
　　　　明子は、原告との間で、平成9年7月1日、被告のためにすることを
　　示し、第1項の債務について連帯保証契約を締結した。その際、明子は、
　　連帯借用証書に被告の署名を代筆し、被告の実印を押捺した（甲1、2、
　　原告及び証人明子）。
　4　代理権の授与
　⑴　被告は、第3項の連帯保証契約締結に先立って、明子に連帯保証契約
　　締結の代理権を授与した。
　⑵　代理権授与の関連事実（重要な間接事実^(注9)）
　　　ア　被告は、明子の長男である（争いがないと思われる。）。
　　　イ　連帯保証契約締結に用いられたのは、被告の実印である（争いがな
　　　　いと思われる。）。
　　　ウ　明子は、原告に対し、被告の印鑑登録証明書を交付した（甲3）。
　　　エ　原告は、上記連帯保証契約の締結の翌日である平成9年7月2日に、
　　　　被告に電話をして、連帯保証の事実を確認した（原告）。
　5　追　　認
　⑴　仮に、被告が、明子に対し、上記代理権を授与していなかったとして

も、被告は、平成9年10月初旬、原告に対し、上記連帯保証契約を追認する旨の意思表示を口頭でした。

(2) 追認の関連事実（重要な間接事実^(注10)）

　　原告は、弁済期が経過しても明子からの返済がなかったため、平成9年10月初旬、○○市内の▽▽司法書士事務所において、被告との間で、明子及び▽▽司法書士を交えて、明子の貸金について話し合いをした（争いがないと思われる。）。

　　その際、原告は、被告に対し、連帯借用証書（甲1）を示し、「連帯保証人として責任をとってほしい。」と懇請したところ、被告は、当初、「覚えがない。」と言っていたが、母親である明子が甲1を作成したことを確認して、「親の不始末だが、借りたことは間違いないので私が責任を取る。信用してほしい。」と言明した（原告、証人▽▽）。

6　よって、原告は、被告に対し、本件連帯保証契約に基づき、上記貸付金470万円及びこれに対する弁済期の翌日である平成9年10月1日から支払済みまで約定にかかる年3割の割合による遅延損害金の支払を求める。

7　予想される争点

(1) 代理権授与の有無

　　原告は、被告が本件連帯保証契約締結に先立ち、明子に対し代理権を授与していた事実を主張するが、被告との事前交渉によれば、被告は、上記代理権授与の事実を争うものと思われる。

(2) 追認の有無

　　平成9年10月初旬に被告との間で明子の借金について話し合いをした事実は、被告もおそらく争わないと思われるが、事前交渉において、被告は、追認の意思表示をしたことについても、自己の責任を否定するようなあいまいな発言をしていたので、この点についても争うものと思われる。

証　拠　方　法^(注11)

1　甲1号証　連帯借用証書
2　甲2号証　領収証
3　甲3号証　印鑑登録証明書

附　属　書　類^(注12)

1　訴状副本　　　　　　　　　　1通
2　甲1ないし3号証（写し）　各1通
3　訴訟委任状　　　　　　　　　1通

（注１）　①表題部（民事訴訟法133条１項参照）
（注２）　②日付（民事訴訟規則２条１項４号）
（注３）　③管轄（民事訴訟規則２条１項５号）
（注４）　④当事者の表示等
　　　　　・当事者および法定代理人（民事訴訟法133条２項１号、民事訴訟規則２条１項
　　　　　　１号）
　　　　　・送達場所の表示（民事訴訟法104条１項、民事訴訟規則41条１項・２項）
（注５）　⑤事件の表示（民事訴訟規則２条１項２号）
（注６）　⑥訴訟物の価額（民事訴訟法８条、９条参照）
（注７）　⑦請求の趣旨（民事訴訟法133条２項２号、民事訴訟規則53条１項）
（注８）　⑧請求の原因（民事訴訟法133条２項２号、民事訴訟規則53条１項）
（注９）　⑨関連事実（民事訴訟規則53条１項・２項）
（注10）　⑨関連事実（民事訴訟規則53条１項・２項）
（注11）　⑩証拠方法（民事訴訟規則55条１項１号）
（注12）　⑪附属書類（民事訴訟規則２条１項３号）
（出典）　日本弁護士連合会「役立つ書式など」から引用。https://www.nichibenren.or.jp/
　　　　　legal_advice/oyakudachi/format.html

2　訴状の記載事項

(1)　必要的記載事項

　民事訴訟は、原告の被告に対する特定の請求が認められるかどうかを裁判所が審理判断するものです。そこで、民事訴訟を開始させる訴状では、訴訟の主体となる**当事者**（原告および被告）と審理判断の対象となる**請求（訴訟物）**が特定されていなければなりません。

　そのような観点から、民事訴訟法133条２項は、訴状の必要的記載事項として、「当事者及び法定代理人」と「請求の趣旨及び原因」をあげています。

　「当事者及び法定代理人」は、判決の効力を受ける当事者とその者にかわって訴訟を追行する者を特定するための記載です。

　「請求の趣旨及び原因」のうち「請求の趣旨」は、判決を求める原告の請求の結論部分であり、請求の内容と判決の形式（給付、確認、形成）を明示しなければなりません。また、ここで必要的記載事項とされている「請求の原因」は「請求の趣旨」とともに、あるいはこれを補足して請求を特定するもので、「請求（訴訟物）の特定としての請求原因」（民事訴訟規則53条参照）

といわれたりします。ここでは、請求がどんな権利関係の主張であるかを特定し識別するために必要な事実を記載しなければなりません。

(2) 実質的な記載事項

　早期に実質的な審理に入り、充実した審理を実現し、迅速に依頼者の希望する判決を得るためには、訴状に上記の必要的記載事項を記載するだけでは不十分であり、原告の請求を理由づける事実などや証拠方法を裁判所に対してできる限り早期に明らかにすることが有益です。

　民事訴訟規則53条1項は、早期の充実した審理を実現するために、訴状の実質的な記載事項として、「訴状には、請求の趣旨及び請求の原因（請求を特定するのに必要な事実をいう。）を記載するほか、請求を理由づける事実を具体的に記載し、かつ、立証を要する事由ごとに、当該事実に関連する事実で重要なもの及び証拠を記載しなければならない」と定めています。

　ここで「請求を理由づける事実」というのは、いわゆる「攻撃防御方法としての請求原因」であり、典型的には原告の請求の権利発生根拠事実（主要事実）がこれに該当します。また、「立証を要する事由」とは、原告において、被告が争って立証を要することになると予想される事由であり、「当該事実に関連する事実で重要なもの」とは、「立証を要する事由に関する重要な間接事実」に該当する具体的事実です。そして、「証拠」の記載とは、「甲3号証」などといった具体的な証拠方法の記載を意味し、それを「立証を要する事由ごとに」個別に記載することが求められています。

　要するに、訴状には、請求を特定するだけでなく、請求を理由づける具体的事実（主要事実）を記載したうえで、立証を要する事由ごとに「重要な間接事実」となる具体的事実および具体的な「証拠方法」を記載しなければならないとされています。

　このように攻撃防御方法を記載した訴状は、準備書面を兼ねるのであって（民事訴訟規則58条3項）、実質的には、訴状が攻撃防御方法を主張する準備書面としての役割を果たしているのです。早期に依頼者が求める判決を得る

ためには、原告訴訟代理人はこのことを強く意識する必要があります。

　重要な点なので繰り返しますが、訴状には、「請求を特定するのに必要な事実」のほか、「請求を理由づける事実」や、それによって被告が争うことによって争点化することが予想される事由およびこれに関する重要な間接事実（「立証を要する事由ごとに、当該事実に関連する事実で重要なもの」）を明確に記載しなければなりません（民事訴訟規則53条1項・2項）。これは、充実した集中審理を実現するため、早期に争点に関する情報を被告に開示するとともに、これを裁判所にも提示することにより、第1回口頭弁論期日における審理を実質化（実質的に争いのある事件とそうでない事件の振分け、争点整理手続の選択等）し、早めに争点整理につなげていくことを目的としたものです。被告としても、請求を理由づける事実や予想される争点、そして証拠との関連性等が訴状に開示されることによって、どこをどのように争うのかについて明確に応訴態度を決定することができます。

　このように早期に充実した審理を行うために、訴状には準備書面的機能が期待されています。

　訴状の記載事項を図表4−1にまとめると以下のとおりです。

図表4−1　訴状の記載事項

訴状の記載事項等	訴状の必要的記載事項（民事訴訟法133条2項）	当事者
		請求の趣旨
		請求の原因（特定請求原因）
	早期かつ充実した審理実現のための記載事項（民事訴訟規則53条1項）	請求の原因（理由づけ請求原因）
		立証を要する事実
		重要な間接事実
		証拠の引用・添付（民事訴訟規則55条）

3　請求の趣旨

　請求の趣旨は、原告が訴訟において、訴訟の目的たる権利または法律関係につき、どのような裁判を求めるかを簡潔に記載するものです。請求の趣旨は、訴えの核心をなし、既判力の客観的範囲を画するものですので（民事訴訟法114条1項）、その結論を示す重要な必要的記載事項（民事訴訟法133条2項2号）です。請求の趣旨の記載は、請求の態様（給付、確認、形成）と範囲を要約して示し、原告の請求を全部容認する場合の判決の主文に対応する文言が用いられます。したがって、「売買代金●●円を支払え」「年6割の割合による損害金を支払え」などとは記載せず、「●●円を支払え」「年6割の割合による金員を支払え」のように、給付の法律的な性格または理由を含まない抽象的な表現を用います。また、強制執行の必要があるときは、これを念頭に置いて、訴えの目的を十分に達成できるようにその記載を検討すべきです。

　請求の趣旨の記載にあたり、以下の点に留意しましょう。

ア　別紙目録の活用

　不動産の明渡請求訴訟の場合の請求の趣旨は、

　「被告は、原告に対し、別紙物件目録記載の土地を引き渡せ。」

　「被告は、原告に対し、別紙物件目録記載の建物を引き渡せ。」

と記載し、別紙として、訴状末尾に書式4－2のような不動産の「物件目録」を添付します。これは請求の趣旨を読みやすくし、理解しやすくするためになされます。請求の趣旨のなかに書式4－2のような目録の内容を記載したら読みにくくなるのは明らかだと思います。

【書式4−2】 物権目録の記載例

物件目録

土地
　所　　在　　東京都杉並区荻窪●丁目
　地　　番　　■番▲
　地　　目　　宅地
　地　　籍　　180.53m^2

物件目録

建物
　所　　在　　東京都杉並区荻窪●丁目　　○○番地
　家屋番号　　○○○番
　種　　類　　居宅
　構　　造　　木造瓦葺二階建
　床　面　積　　1階　108.30m^2
　　　　　　　　2階　78.20m^2

イ　附帯請求

　法律の専門家でない依頼者の場合、主たる請求に集中するあまり、附帯請求について思いが至っていないことがあります。依頼を受けた訴訟代理人としては、このことを念頭に置いて、詳細な事実調査を行い（民事訴訟規則85条）、主たる請求だけでなくどのような附帯請求をなしうるかを正確に把握し、原告の攻撃方法と予想される被告の防御方法・立証手段を十分に検討する必要があります（書式4−3参照）。

【書式4−3】 附帯請求の記載例

　［例1］　貸金返還請求訴訟において遅延損害金の請求をする場合
　　被告は、原告に対し、金100万円及びこれに対する訴状送達の日の翌日から

支払済みまで年5分の割合による金員を支払え。
［例2］　建物明渡請求訴訟において未払賃料と遅延損害金を請求する場合
　　1　被告は、原告に対し、別紙物件目録記載の建物を引き渡せ。
　　2　被告は、原告に対し、金90万円及び令和2年5月1日から1の建物明
　　　渡済みまで1か月15万円の割合による金員を支払え。

ウ　付随的申立て

(ア)　訴訟費用についての申立て

主たる請求・附帯請求（もしあれば）の後に、「訴訟費用は被告（ら）の負担とする。」と記載します。

訴訟費用の申立ては、申立てがなくても裁判所が職権で裁判します（民事訴訟法67条）が、原告としては請求の趣旨の一部として必ず記載すべきです。

(イ)　仮執行宣言の申立て（民事訴訟法259条1項）

主たる請求・附帯請求（もしあれば）、訴訟費用の申立ての後に、「との判決並びに仮執行の宣言を求める。」と記載します（書式4－4参照）。

【書式4－4】　仮執行宣言の申立ての記載例

［例］建物明渡請求訴訟において未払賃料と遅延損害金を請求する場合
　　1　被告は、原告に対し、別紙物件目録記載の建物を引き渡せ。
　　2　被告は、原告に対し、金90万円及び令和2年5月1日から1の建物明
　　　渡済みまで1か月15万円の割合による金員を支払え。
　　3　訴訟費用は被告の負担とする。
との判決並びに仮執行の宣言を求める。

仮執行宣言は、未確定の終局判決に対し、確定判決と同一内容の執行力を付する裁判を意味します。上訴で原判決が覆る可能性は比較的低いので、確定前に執行力を付与して（これを「債務名義」といいます）原告の権利の早期実現を図るものです。

仮執行宣言は、一般には、財産権上の請求に関する判決につけられ、以下

の場合には付されないのが通例です。

① 確認判決・形成判決

② 給付の訴えでも、判決確定以後に履行期が到来するような場合

③ 意思表示を命ずる判決。たとえば、登記手続を求める訴えはその判決の確定に一定の意思の擬制する効果が生じますので（民事執行法174条1項）、仮執行の余地がないと解されています。

　一般に仮執行宣言の申立てがなされていないときは、裁判所が職権で仮執行宣言を付することはまれですし、原告としては、訴訟の目的を早期に実現することを望むのは当然ですので、原告訴訟代理人は、訴えの性質から仮執行宣言を付することができない場合を除き、仮執行宣言の申立てを忘れないようにしましょう。

　なお、付随的申立ては、訴訟物の主張ではありません。附帯請求と混同しないように注意しましょう。附帯請求は主たる請求と並ぶ独立の訴訟物となります。

4　請求の原因

　訴状には、請求の趣旨とともに請求の原因を記載しますが、請求の原因には、**請求（訴訟物）の特定としての請求原因**と**攻撃防御方法としての請求原因**という2つの意味があるので注意が必要です。そして、さらに請求の原因の理解をむずかしくしているのは、前者は**特定請求原因**、後者は**請求を理由づける事実**または**理由づけ請求原因**など、異なる呼称が使われていることにも原因があります。

(1)　請求（訴訟物）の特定としての請求の原因（民事訴訟法133条2項2号、民事訴訟規則53条1項）

　「請求の原因」とは、請求の趣旨と相まって請求を特定するのに必要な事実を指します。これは訴状の必要的記載事項に当たります。

　確認の訴えの場合は、書式4-5のように、「請求の趣旨」のなかに確認

すべき権利関係およびその範囲の主張ならびに確認判決を求める旨が明示されるため、それだけで請求は特定されます。

【書式4－5】 確認の訴えの記載例

［例1］ 原被告間の令和元年12月14日の消費貸借契約に基づく原告の被告に対する500万円の債務の存在しないことを確認する。
［例2］ 原告が別紙物件目録記載の建物について所有権を有することを確認する。

　他方で、**給付の訴え**の場合には、たとえば、土地の引渡しを求める場合、請求の趣旨には、「被告は、原告に対し、別紙物件目録記載の土地を引き渡せ。」とのみ記載され、給付の法的性質や理由は記載されません。しかし、実体法上、引渡請求権の発生原因としては、所有権、占有権、賃借権、売買契約など多種多様なものが想定できるため、「請求の趣旨」の記載のみでは訴訟物たる実体法上の権利または法律関係が何であるかは明確になりません。同様に、たとえば、貸金請求事件では、請求の趣旨として、「被告は、原告に対し、金100万円を支払え。」というように、一定額の金銭の支払だけが抽象的に表示され、支払を求めている一定額の金銭がどのような法的性質の給付請求権であるかは明確ではありません。そこで、これを「請求の原因」によって補充し、訴訟物を特定し明示する必要があります。請求（訴訟物）の特定方法としての請求原因は、訴訟物として主張されている一定の権利または法律関係の法的性質を決定するためのものです。

(2)　攻撃防御方法としての請求原因（民事訴訟規則53条1項）

　民事訴訟の実務では、従来から、請求原因を請求（訴訟物）特定のためにのみ記載してきたわけではなく、むしろ**請求を理由づける事実**を主張するために記載されてきました。このため実務において、単に請求原因といえば、この**攻撃防御方法としての請求原因**を指すのが通例です（『民事訴訟第一審手

続の解説（第4版）』（法曹会）7～8頁）。

　これは、すでに述べたように、実際の民事訴訟手続では、**請求を理由づける事実**が当事者の攻撃防御の中心となり、これをめぐって訴訟が進行するからです。**攻撃防御方法としての請求原因**が遺漏なく記載されれば、当然に**請求（訴訟物）の特定としての請求原因**の記載も満たされることになりますので、実務家は、訴状に**攻撃防御方法としての請求原因**を記載することに意識を集中させることになります。

　そして、早期の充実した審理を実現するために、訴状の段階で基本的な主張および立証をできる限り明らかにすることが求められ、民事訴訟規則53条1項は、訴状の実質的な記載事項として、「訴状には、請求の趣旨及び請求の原因（請求を特定するのに必要な事実をいう。）を記載するほか、請求を理由づける事実を具体的に記載し、かつ、立証を要する事由ごとに、当該事実に関連する事実で重要なもの及び証拠を記載しなければならない。」と定め、**請求を理由づける事実**の記載を積極的に要求しています。

　請求を理由づける事実として記載すべき事実として、絶対に落としてはならないのは、訴訟物である権利の発生要件たる**要件事実**です。原告は、この請求原因事実の主張責任を負っているからです（弁論主義第1原則）。

　実体法は、それぞれの条文で、権利の発生、権利発生の障害、権利行使の阻止、権利の消滅について要件となる事実を定めています。これを**主要事実**といい、**弁論主義**のもとでは、当事者の弁論にそれが現れない限り、裁判所はこれを基礎にして裁判をすることはできません。何が**主要事実**であり、どの**主要事実**が原告の主張に属するかは、結局のところ実体法の解釈の問題に帰着します（実体法の理解の重要性は上述のとおりです）。訴訟物である権利の発生要件たる**主要事実**の全部が当事者の弁論に現れない場合には、**請求を理由づける事実**の主張がないこととなり、証拠調べをするまでもなく**主張自体失当**として却下されることになります。

　どのような訴訟物を選ぶかは原告の権限です（処分権主義）。たとえば、賃貸建物を所有する賃貸人が賃貸借契約解除後に賃借人に建物明渡しを請求す

る場合、賃貸借契約終了に基づく目的物返還請求権（債権的請求権）と、所有権に基づく返還請求権としての明渡請求権とがあり、これらは訴訟物を異にしますが、原告は自由に選ぶことができます。

では、**攻撃防御方法としての請求原因**として、具体的にどのような事実をどのように記載したらよいでしょうか。

たとえば、消費貸借契約に基づく貸金返還請求権の場合の要件事実は、①消費貸借契約の成立、②消費貸借契約の終了（返還時期の合意とその到来）ですので、「原告は、令和元年9月1日、被告に対し、400万円を弁済期同年12月末日、期限後の損害金年3割の約定で貸し付けた。その弁済期は経過した。」という**請求原因事実**を記載しなければなりません。また、消費貸借契約は要物契約といわれていますので、「貸し付けた。」と記載します。

ある法律効果の発生が一定類型の契約に基づくとき、その契約の法的類型ないし法的性格を示す具体的事実の記載が不可欠です。たとえば、賃貸借契約の期間満了による目的物の返還請求の場合「返還を約して本件建物を引渡し、貸借期間が満了した。」という記載では足りず、「本件建物を令和●年●月●日から令和●年●月●日まで、賃料1か月●●円の約定で賃貸借契約を締結し、目的物を引き渡したが、貸与期間が満了した。」というように、賃貸借契約の合意およびその内容（賃料の額も含みます）を示す事実も記載が必要となります。これは、返還請求権の発生根拠は、単なる返還約束の効果ではなく賃貸借契約の期間満了による法的効果と解されるからです。また、いったん交付した目的物の返還を求める場合、それを交付した事実も返還義務の前提となりますので、請求原因として記載します。

売買のような典型契約では、売買の意味は広く認識されていることから、契約の要素である目的物と代金額を定めて、あとは売買契約を締結したと記載すれば、わざわざ財産権の移転の約束とその対価としての支払の約束という合意を記載しなくても、売買契約の成立要件を主張したことになります。

また、背信性、正当事由、権利濫用、公序良俗などの**規範的評価**の成立が法律発生効果の要件となっている場合には、その**規範的評価**の成立を基礎づ

ける具体的事実が**要件事実**と解するのが相当とされていますので、その評価の根拠となりうるあらゆる事実を記載し、あわせて経験則、価値評価等も記載します。

過失については、個々の事件で成立する注意義務の内容を記載し、かつ、その義務に違反したことを記載します。具体的には、「通常人であれば、○○○○の結果の発生又はその可能性を予見し得、そして、このように行為して結果発生を回避し得たのに、被告はこれを怠った。」と通常人を基準にして予見可能性、結果回避可能性の内容を具体的に記載します。

(3) 「請求の原因」欄に記載すべき事実

請求の原因には広狭2つの意味（**請求の特定（訴訟物）としての請求原因、攻撃防御方法としての請求原因**）があることは上述のとおりです。

しかし、実際には、訴状の「請求の原因」欄には、要件事実の記載だけでなく、要件事実に密接に関連する事実も記載されます。なぜでしょうか。

ア　民事訴訟における事実認定は、**争いのある主要事実**であるということは第2章「民事訴訟手続における主張・立証の基本構造」で説明しました。しかし、世の中で起こる事実は、それぞれが単独で存在しているものではなく、一連の時間や空間のつながりのなかで存在しています。また、背景事情や当事者・関係者の心情等が複雑に絡み合っていることも少なくありません。このため、具体的な紛争事案では、当事者双方から、要証事実をめぐるストーリーが展開されることになります（『事例で考える民事事実認定』（法曹会）9頁）。たとえば、貸金返還請求を例にとれば、貸付を行うには、借主の側に資金需要や借入動機が存在し、貸付人側による資金の調達（または自己資産の利用）、貸主・借主の関係、貸付・借入れの動機、貸付後の資金使途などから構成される一連のストーリーがあるのであり、そのストーリーのなかに**争いのある主要事実**が位置づけられることになるのです。そして、**争いのある主要事実**を認定するには、通常は、これらの**間接事実**による推認や**補助事実**による証拠の信用性の評価・検討が必要とな

ります。したがって，これらの事実も記載します（後記(4)参照）。

イ 次に、売買代金請求訴訟を例にとって考えてみましょう。

売買代金支払請求の要件事実は、民法555条「売買、当事者の一方がある財産権を相手方に移転することを約し、相手方がこれに対してその代金を支払うことを約することによって、その効力を生ずる」とされており、売買契約の成立によって代金支払請求権が直ちに発生するので、売買代金支払請求権の発生に必要十分な事実は、売買契約の締結だけで足ります。目的物の特定と売買代金額の主張は必要ですが、代金の支払時期や引渡しは成立要件ではありません。

しかし、たとえば、訴訟物が売買契約に基づく代金支払請求権の事案において、売買代金の一部内払いがあった場合、主たる請求の要件事実の記載（書式4－6下線部分）だけだと、いかがでしょうか。これでは訴状の記載内容として甚だ不十分であることがわかります。

【書式4－6】 請求の原因の記載例（売買代金請求訴訟を例として）

第2　請求の原因
　1　（当事者）
　　　原告は、不動産の販売等を目的とする株式会社である。
　2　（売買契約）
　　　原告は、平成30年12月5日、<u>被告との間で、原告が所有する別紙物件目録記載の不動産（以下「本件土地」という。）を次の約定で売却する契約（以下「本件売買契約」という。）を締結した。</u>
　(1)　<u>売買代金額　　3000万円</u>（以下「本件売買代金」という。）
　(2)　代金支払方法　売買契約締結時に内金300万円
　　　　　　　　　　　平成31年1月31日に残金2700万円
　(3)　引渡し時期　　売買契約締結時
　3　（引渡し、内金の支払）
　　　原告は、同日、被告に対し、本件土地を引き渡し、被告は原告に対し、本件売買代金の内金300万円を支払った。
　4　（残代金不払い）
　　　被告代表者は、……残金支払期限の同年1月31日を経過しても、残金

> 　2700万円を支払わない。
> 　5　よって、被告は原告に対し、本件売買契約に基づき、代金2700万円と
> 　　……〈略〉……の支払を求める。

　300万円の内払い（弁済）は抗弁事実ですが、だからといって内払いの事実を記載しないで、「3000万円で売買した。よって、2700万円を支払え。」とだけ記載したのでは、裁判官に、事案の概要どころか、訴状の意味内容すら理解してもらうことができないでしょう。

　また、土地の引渡しや代金支払方法に関する合意、さらには同意に基づく義務の履行等の事実を主張することによって、売買契約が有効に成立したうえで、一部の履行も完了しており、残すは2700万円の売買代金請求権という訴訟物だけだという結論を説得力ある文章でアピールできます。

⑷　重要な間接事実（関連する事実）

ア　間接事実の記載の要否および程度

⑺　間接事実の記載の要否

　実務では、争点となっている要件事実の存在・不存在を推認させる**間接事実**の存否が攻防の争点になることが多くあります。

　このため、紛争に至った経緯や背景事情、争点となっている主要事実の存否を推認させる間接事実、重要な証拠の証明力に関する補助事実等の関連事実（重要な間接事実を含め、これらの事実を**関連事実**と呼びます）を訴状に記載することは、裁判所に早期に事案の内容を的確に把握してもらうため、場合によって裁判上の和解の検討資料として、きわめて有意義です。

　関連事実を記載するか否か、どの程度記載するかは、訴訟提起段階における被告の応訴態度の予測や関連事実の把握の程度は事案によって千差万別であることから、事案ごとに工夫が必要となります。この点は法律家（とりわけ、司法修習生や若手弁護士）が悩むところです。

　一般化はむずかしいのですが、以下のような点が一応の基準となります。

① 原告にとって有利な事実かどうか。あえて不利な事実を記載・主張する理由はありません。

② 裁判所に早期かつ的確に事案や争点を把握してもらうために必要な事実かどうか。

③ 原告の主張する一連のストーリーの理解に必要な事実かどうか。

　ここで所有権移転登記抹消登記手続請求を例にとって考えてみましょう。

　ある不動産について、XからYへ所有権移転登記がなされた場合において、Xはその不動産を所有しており、Y名義の登記は不実の登記であるとして、その抹消登記手続を求めたとします。

　物権的登記請求権は、現実の実体的な物件関係と登記が一致しない場合に、この不一致を除去するために、物権そのものの効力として発生するものですので、上記の例では所有権移転登記抹消請求権の発生要件は、

① Xがその不動産を所有していること

② Y名義の所有権移転登記が存在すること

となり、原告としてはこの2点のみを主張すれば足りるはずです。

　しかし、実際の訴状の「請求の原因」は書式4−7のように記載します。

【書式4−7】　請求の原因の記載例（抹消登記手続請求訴訟を例として）

　請求の原因
　1　原告Xは、平成16年6月20日、別紙物件目録記載の不動産（以下「本件不動産」という。）を訴外株式会社●●●から買い受け、これを所有している。
　2　本件不動産には、平成30年7月19日付けで、被告Yを所有者とする別紙登記目録記載1の所有権移転登記（以下「本件所有権移転登記」という。）がなされている。
　3　しかしながら、被告Yの本件所有権移転登記は、原告の兄である訴外Z が、原告に無断で、原告の実印や印鑑登録証明書を盗用して作出したものであり、実体のない無効な登記である。
　4　よって、原告Xは、被告Yに対して、本件不動産の所有権に基づく妨害排除請求権として、被告Yに対して本件所有権移転登記の抹消登記手続を

求める。

　書式4－7からわかるように訴状の「請求の原因」にYに所有件移転登記がなされた経緯（上記「請求の原因」の3）を記載することにより争点がより明確になります。

　(イ)　間接事実の記載の程度

　それでは、間接事実はどの程度記載すべきでしょうか。訴訟は時間の経過とともに進展するものです。また、訴訟提起段階では、まだ相手方の主張も提出されておらず、何が訴訟における争点となるかについても、被告の応訴、答弁書の提出を待たなければ正確にはわかりません。したがって、できるだけ訴訟の初期の段階で裁判所に事案を理解してもらうために、訴状に重要な間接事実等多くの記載をすることは有意義ではありますが、他方で、被告の主張が正確には予測しにくい場合に、これらを先回りして主張することは、かえって無意味な争点を増やし、訴訟進行に混乱を引き起こすおそれがないわけではありません。このことから、原告訴訟代理人としては、どこまで訴状に記載をするのが相当であるか、慎重に検討する必要があります。

イ　請求原因の記載との区分（民事訴訟規則53条2項）

　請求を原因づける事実（**主要事実**）と関連事実（**間接事実**）とは区別なく雑然と記載して訴状を作成すると、どのような事実を主要事実として主張しているのかが不明確となり、関連事実がどの主要事実に対してどのような意味をもつかも理解できなくなる場合があります。また、主要事実の記載を欠落させることにもなりかねません。

　そこで、民事訴訟規則53条2項は、「訴状に事実についての主張を記載するには、**できる限り**、請求を理由づける事実についての主張と当該事実に関連する事実についての主張とを区別して記載しなければならない」と定めています。

　もっとも具体的な事実経過のなかでは主要事実と間接事実とがあらかじめ

図表4－2　訴状の記載事項のまとめ

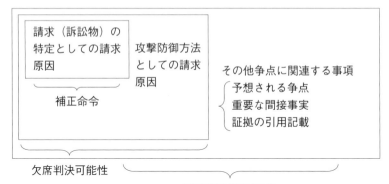

(出典)　『民事訴訟法講義案（三訂版）』（司法協会）86頁参照

区分されているわけではありませんので、常に明確に区別して記載できると
は限りません。

　このため、上記規則でも、「できる限り」区別しなければならないとされ
ており、常に項目を別にして、形式的にも区別して記載しなければならない
わけではありません。

　主要事実に関連する事実について、「請求の原因」という項目と「関連事
実」という項目を別途設けて記載する方法もあれば、事案によっては、その
ような方法によると記載箇所が離れてしまい、かえって相互の関連性が理解
しにくくなる場合も考えられます。

　結局のところ、この点は、事実認定をする裁判官が、どの部分が請求を理
由づける事実（主要事実）の記載であり、どの部分が当該事実に関連する事
実（間接事実）であるか、を理解できれば足りるのであり、事案ごとの対応
にならざるをえません。簡易な事案では、「請求の原因」という項目と「関
連事実」とを区分せずに記載したり、特に項目を分けないでも小見出しを付
して区別したり、書出しを下げて区別するなど工夫することでわかりやすい
主張となる場合もあります。

　要は、裁判所に早期に事案の内容と争点を的確に把握してもらう工夫をす

ることです。そのためには、まずは、被告にとって**請求の原因**の記載の事実が認否しやすい記載となっていることが重要です。簡潔な文章で整然かつ明瞭に記載することを心がけること（民事訴訟規則5条）、事案に応じて適切な項目分け、小見出しを使用することなどの工夫が有用です。

コラム　民事訴訟規則53条の構造

（訴状の記載事項・法第133条）

第53条　訴状には、請求の趣旨及び(1)請求の原因（請求を特定するのに必要な事実をいう。）を記載するほか、(2)請求を理由づける事実を具体的に記載し、かつ、立証を要する事由ごとに、(3)当該事実に関連する事実で重要なもの及び(4)証拠を記載しなければならない。

2　訴状に事実についての主張を記載するには、できる限り、請求を理由づける事実についての主張と当該事実に関連する事実についての主張とを区別して記載しなければならない。

3　攻撃又は防御の方法を記載した訴状は、準備書面を兼ねるものとする。

4　訴状には、第1項に規定する事項のほか、原告又はその代理人の郵便番号及び電話番号（ファクシミリの番号を含む。）を記載しなければならない。

（(1)～(4)および下線は筆者が加筆）

＊　＊　＊

上記条文の下線部(1)～(3)は以下を意味します。

(1)　請求（訴訟物）の特定としての請求原因
(2)　攻撃防御方法としての請求原因
(3)　重要な間接事実
(4)　証拠の引用記載

5　証　　拠

　訴状には、立証を要する事由ごとに、重要な間接事実とともに証拠を記載し（民事訴訟規則53条1項）、添付書類として基本文書および重要な書証を添付することが求められています（民事訴訟規則55条1項・2項）。原告が訴状に証拠を提示し、証拠に基づいた主張を行わせ、被告が提出された証拠をふ

まえた実質的な答弁を行うことにより、迅速で充実した審理を進めるためです。

　具体的な記載方法は、以下のとおりです（書式4－8参照）。

① 「請求の原因」の本文中に立証を要する事実ごとに記載（本文中において、適宜、引用します）。

② 証拠方法として表示。

　（i）本文の後に「証拠方法」という項目を立てます。

　（ii）次に、甲○号証という書証番号をつけて、申出予定の証拠を表記します（原告は甲○号証、被告は乙○号証）。

【書式4－8】　証拠方法の記載例

　第2　請求の原因
　1　本件賃貸借契約の締結
　　　原告は、被告に対し、令和2年6月1日、次の約定でその所有する別紙物件目録記載の建物（以下「本件建物」という。甲1）を賃貸し（以下「本件賃貸借契約」という。甲2）、同契約に基づき、これを引き渡した。
〈以下略〉

証拠方法

　甲1号証　　全部事項証明書（建物）
　甲2号証　　家屋賃貸借契約書

6　よって書き

(1)　「よって書き」の意味

　「よって書き」には、原告が、いかなる権利、法律関係に基づいて、どのような請求をするのか（訴訟物）を結論的に記載します（書式4－9参照）。

【書式4−9】 よって書きの記載例

［例1］　よって、原告は被告に対し、本件建物賃貸借契約の終了に基づき、本件建物の明渡しと、未払賃料●●円並びに令和●年●月●日から明渡し済みまで1か月●円の割合による遅延損害金の支払を求める。

［例2］　よって、原告は、被告に対し、本件消費貸借契約に基づき、貸金元本300万円並びにこれに対する令和●年●月●日から弁済期である令和●年●月●日まで約定利率年5パーセントの割合による利息●●円及び弁済期の翌日である令和●年●月●日から支払済みまで約定利率年14パーセントの割合による遅延損害金の支払を求める。

　書式4−9のように「よって書き」は、給付の法律的な性格または理由を含む点で、請求の趣旨とは似て非なるものです。

(2)　「よって書き」の機能

　原告にとって「よって書き」はいかなる権利または法律関係に基づいてどのような請求をするかという目標となるものです。また、被告にとっては、通常、請求（訴訟物）の存在を否定することが目標となるので、「よって書き」は攻撃の目標となります。被告訴訟代理人は、訴状を受領した場合、当事者、請求の趣旨、請求の原因の「よって書き」を確かめることで、訴訟の全体像をいち早く把握することが可能となります。

コラム　訴訟、答弁書、準備書面等の書式のフォーマット

　最高裁判所事務総局から提供された参考書式の仕様は、1行37文字・1頁26行・左余白30mm・上余白35mmとなっていますが、これと異なる書式で準備書面が作成されることがあります。この場合でも準備書面等が法令等に違反するものではありませんが、訴状が裁判所を説得するための書面である以上、上記の書式のフォーマットに従って作成するほうがよいでしょう。形式面では書式のフォーマットに従い、中身で勝負しましょう。

第 5 章

答弁書・準備書面

第1 答弁書

　裁判所から第1回口頭弁論期日の呼出状とともに訴状の副本の送達（民事訴訟法139条、138条1項）を受けた被告が弁護士に訴訟を委任することによって、訴訟代理人としての活動が始まります。受任した弁護士は、訴状に記載されている原告の主張する事実について、被告の主張や証拠関係を詳細に聴取し、調査のうえ、被告訴訟代理人として答弁書を作成することになります。

1　答弁書とは

　答弁書とは、訴状に記載された原告の**請求の趣旨**に対する答弁などを記載した、被告の作成する最初の**準備書面**です（民事訴訟法161条2項、民事訴訟規則79条、80条）。答弁書には、請求の趣旨に対する答弁のほか、**請求の原因**に記載された事実に対する認否や抗弁事実を具体的に記載し、かつ、立証を要する事由ごとに、その事実に関連する事実で重要なものおよび証拠を記載します（民事訴訟規則80条1項）。

【民事訴訟規則80条】

（答弁書）

第80条　答弁書には、請求の趣旨に対する答弁を記載するほか、訴状に記載された事実に対する認否及び抗弁事実を具体的に記載し、かつ、立証を要する事由ごとに、当該事実に関連する事実で事要なもの及び証拠を記載しなければならない。やむを得ない事由によりこれらを記載することができない場合には、答弁書の提出後速やかに、これらを記載した準備書面を提出しなければならない。

　2　答弁書には、立証を要する事由につき、重要な書証の写しを添付しなければならない。やむを得ない事由により添付することができ

> ない場合には、答弁書の提出後速やかに、これを提出しなければな
> らない。
>
> 3　第53条（訴状の記載事項）　第4項の規定は、答弁書について準
> 用する。

　答弁書は、一般に、原告の主張に理由のないことを主張する被告の最初の防御方法ですので、被告の初期の段階における弁護活動の中核と位置づけられます。**民事訴訟手続における主張・立証の基本構造**の観点からは、答弁書の提出により、裁判所にとって、原告と被告の主張の相違点が明確になり、早期に実質的な審理に入ることが可能になります。

2　答弁書提出の効果

(1)　陳述の擬制

　口頭弁論とは、公開法廷で、裁判官（単独事件の場合は1名、合議事件の場合は3名）と裁判所書記官が出席して、直接、当事者双方の**口頭による弁論**を聴く手続です。したがって、本来、原告と被告の双方が出頭しなければ、口頭弁論期日を開けないのが原則です。

　しかし、例外的に、最初に開かれる口頭弁論期日に限り、被告が出頭しない場合でも、答弁書を提出しておけば、その記載事項は陳述されたものとみなされて弁論が進行します（民事訴訟法158条）。これを答弁書の**擬制陳述**（陳述の擬制）といいます。実務では、被告が答弁書だけ提出して最初の期日に欠席するケースは少なくありません。これは、第1回口頭弁論期日は、被告側の都合を聞かないで指定されるため、被告訴訟代理人の都合がつかないことがありうるからです。原被告双方が欠席の場合には、民事訴訟法263条（訴え取下げの擬制）が適用されます[1]。

　擬制陳述は、口頭弁論の理念からいえば、訴訟をスタートさせるための例外的措置です。しかしこれを広く認めると、**口頭弁論**は骨抜きになってしま

うので、最初にすべき口頭弁論期日だけに認められることになっています。ただし、簡易裁判所においては、事件の少額性と当事者の便宜を考慮して、全面的に書面審理を併用する見地から、擬制陳述が拡張され、続行期日についても認められています（民事訴訟法277条、158条）。

(2) 擬制自白からの解放

被告が答弁書を提出せず、口頭弁論期日に出頭しない場合には、原告の主張を自白したものとみなされます（民事訴訟法159条3項・1項）。訴状を送達されながら、なんら反論書を提出しないのだから、訴状の内容を認めたものと考えるのが合理的だからです。答弁書その他の準備書面を提出すれば、自白したものとはみなされません。

(3) 主張の制約からの解放

答弁書に記載しない事項は、相手方が在廷しない口頭弁論期日においては主張することができません（民事訴訟法161条3項）。

答弁書に記載しておけば、原告が在廷しない場合でも主張できます。これは、原告は答弁書の内容をみたうえであえて出席するまでもないと考えたのでしょうから、欠席した場合に書面に記載されていない事実まで陳述されてしまうと不意打ちとなってしまうからです。

3 答弁書の準備・作成時間

答弁書は、期日呼出状に記載された答弁書の提出期限までに提出しなければなりません。しかし、訴状が被告へ送達されてから弁護士が委任するまでに時間がかかってしまい、受任が答弁書直前となってしまう場合や、弁護士が行う認否のための調査に時間がかかってしまう場合がないわけではありま

1　原告側が欠席の場合、条文上は訴状の陳述書も可能ですが、被告側が口頭弁論に出廷し原告が欠席と知った場合、申述をせずにそのまま帰ってしまえば休止（民事訴訟法263条）となってしまうため、通常訴訟を進行させたいと考える原告は出廷します。

せん。このように被告訴訟代理人が十分な準備の時間がとれない場合（民事訴訟規則60条2項参照）には、実務上、第1回口頭弁論では、**請求の趣旨に対する答弁**のみをした簡単な答弁書を提出し（これを「三行答弁」などと呼んでいます）、その次の期日で請求の原因に対する認否と主張を展開することも行われています。中途半端な認否等を記載した答弁書を提出するよりも、次の準備書面で実質的な認否や主張をしたほうがかえって迅速かつ充実した審理に資するからです。

なお、第1章「事件の受任」で述べたとおり、答弁書の準備にあたり、詳細な事実関係のヒアリングに加えて、時系列表（書式1－1参照）、ブロック・ダイアグラム（図表1－2参照）、登場人物の関係図（図表1－3参照）等の作成が有用です。

4 答弁書の内容

(1) 答弁書の形式

答弁書には、必ず記載しなければならない必要的記載事項が定められているほか、迅速かつ充実した審理に資するために記載することが望ましい事項があります。これらをもれのないように記載し、また、裁判所や原告がその内容を理解しやすいように、民事訴訟実務の慣行として、答弁書は一定の形式に従って作成されるのが一般です（書式5－1参照）。

答弁書は、

① 事件番号（民事訴訟規則2条1項2号）

② 当事者の表示（民事訴訟規則2条1項・2項）

③ 表題部（民事訴訟規則79条1項、80条前段参照）

④ 日付（民事訴訟規則2条1項4号）

⑤ 管轄（民事訴訟規則2条1項5号）

⑥ **請求の趣旨**に対する答弁（場合により**本案前の答弁**）（民事訴訟規則80条1項前段）

⑦ **請求の原因**に対する認否（民事訴訟規則80条1項前段）・否認の理由（民事訴訟規則79条3項）

⑧ 関連事実に対する認否（民事訴訟規則80条1項前段）

⑨ 被告の主張（民事訴訟規則79条2項、80条1項前段）

⑩ 証拠方法（民事訴訟規則80条1項参照）

⑪ 附属書類（民事訴訟規則2条1項3号）

の順序で記載するのが通常です。

【書式5−1】 答 弁 書

平成13年（ワ）第○○○○号^(注1)　保証債務請求事件　　　　　**直送済**

原　告　甲　山　一　郎^(注2)

被　告　乙　川　次　郎

答　弁　書^(注3)

平成13年○月○○日^(注4)

　　○○地方裁判所民事第○部○係^(注5)　　御中

　　　〒○○○−○○○○　　東京都○○区□□○丁目○番○号
　　　　　　乙島法律事務所（送達場所）
　　　　　被告訴訟代理人弁護士　　　乙　島　三　　郎　印
　　　　　　　　　　電　話　03−○○○○−○○○○
　　　　　　　　　　ＦＡＸ　03−○○○○−○○○○

第1　請求の趣旨に対する答弁^(注6)
　1　原告の請求を棄却する。
　2　訴訟費用は原告の負担とする。
第2　請求の原因に対する認否^(注7)
　1　請求原因1及び3の事実は不知。ただし、積極的に争う趣旨ではない。
　2　請求原因2の事実は認める。ただし、被告は、後記のとおり、一部弁済の抗弁を主張する。
　3⑴ア　請求原因4⑴の事実は否認する。
　　　イ　明子が被告の実印及び印鑑登録証明書を所持するに至った理由（否

認の理由）

(ア) 平成9年春ころ、被告は、母親である明子から、「田舎の叔父（春日）に400万円の借金を申し込んだところ、『これ以上金を貸すには連帯保証人が必要である。』と言われたので一緒に行ってほしい。実印と印鑑登録証明書を持ってきてほしい。」との依頼を受けたので、実印と印鑑登録証明書を持参して明子と共に春日方を訪問したことがあった。

しかし、春日は、「右から左にでる金ではないので、2、3日考えさせてほしい。」と言うので、被告は、実印等を春日に預けて辞去した。

(イ) 2、3日して、春日から被告に、「以前に貸した金を返さない限り金は貸せない。預かり中の印鑑や印鑑登録証明書を返す。」と言ってきた。

(ウ) その後、明子から被告に、「用事があって春日宅に行くから、私が印鑑などを受け取ってくる。」との連絡があり、被告は、これを承諾した。

(エ) 上記実印は、同年7月中旬ころになって、明子から被告に返還されたが、印鑑登録証明書は返還されなかった。被告が印鑑登録証明書について明子に問いただすと、印鑑登録証明書は、春日宅に預けてきたと説明した。しかし、明子は、これを使って、甲1を作成したのである。

(オ) 以上のとおりであり、被告は、原告からの本件借入れについて、明子に対し、連帯保証契約締結の代理権を授与したことはない。
（以上、証人春日、証人明子、被告）

(2) 同(2)ア及びイの各事実は認める。

(3) 同(2)ウの事実は不知。ただし、積極的に争う趣旨ではない。

(4) 同(2)エの事実は否認する。(注8)

原告は、平成9年7月2日、被告の勤務先に電話をかけてきたと主張するが、被告は、その日は一日中、外回りをしていたのであり、原告が被告に連絡をとることはできなかった。

4(1) 請求原因5(1)の事実は、否認する。なお、否認の理由は次に述べるとおりである。

(2) 同(2)の事実のうち、平成9年10月上旬、▽▽司法書士事務所において、原告と話し合いをしたことは認める。(注9)

しかし、その際、被告は、連帯保証人になることを承諾したことはない。

原告は、「あなたは連帯保証人になっている。借用証書は法律上有効

だから裁判をすれば必ず勝つ。親のことだから息子が責任をとるのが
当たり前だ。だから分割でも良いから支払え。」と繰り返した。そのた
め被告は、その場を逃れるために、「何とか努力してみます。」と述べ
ただけであり、これを追認の意思表示と評価することはできない（被
告）。

5　請求原因6は争う。

第3　抗弁事実（一部弁済）^(注10)

1　明子は、平成9年9月30日、原告に対し、本件貸金に対する返済とし
て50万円を弁済した。

2　関連事実

⑴　明子は、多数の債権者から弁済を迫られていたので、平成9年8月
ころ、債務を整理するため、自宅を売却した。明子は、上記売却代金
の中から、原告に対し、本件弁済として50万円を持参して支払った。

⑵　原告は、明子が上記弁済について領収証を求めたところ、「50万円を
返したことは、連帯借用証書（甲1）に記載しておくから大丈夫だ。」
などと言って領収証を書こうとしなかった。そのため、明子は、欠
かさずつけている日記帳に50万円を弁済したことを記載しておいた。

（以上、乙1、証人明子）

第4　予想される争点について

原告の主張する争点のほか、一部弁済の有無も争点になると考える。

第5　結　　論

上記のとおりであるから、原告の請求は、理由がない。

証　拠　方　法^(注11)

1　乙1号証　　日記帳

附　属　書　類^(注12)

1　乙1号証の写し　　　1通
2　訴訟委任状　　　　　1通

（注1）　①事件番号（民事訴訟規則2条1項2号）
（注2）　②当事者の表示（民事訴訟規則2条1項・2項）
（注3）　③表題部（民事訴訟規則79条1項、80条前段参照）
（注4）　④日付（民事訴訟規則2条1項4号）
（注5）　⑤管轄（民事訴訟規則2条1項5号）
（注6）　⑥請求の趣旨に対する答弁（場合により本案前の答弁）（民事訴訟規則80条1項
　　　　前段）請求の趣旨に対する答弁（場合により本案前の答弁）（民事訴訟規則80条1
　　　　項前段）
（注7）　⑦請求の原因に対する認否（民事訴訟規則80条1項前段）・否認の理由（民事訴
　　　　訟規則79条3項）
（注8）　⑧関連事実に対する認否（民事訴訟規則80条1項前段）

（注 9 ）　⑧関連事実に対する認否（民事訴訟規則80条 1 項前段）
（注10）　⑨被告の主張（民事訴訟規則79条 2 項、80条 1 項前段）（注11）　⑩証拠方法（民
　　　　事訴訟規則80条 1 項参照）
（注12）　⑪附属書類（民事訴訟規則 2 条 1 項 3 号）
（出典）　日本弁護士連合会「役立つ書式など」から引用。https://www.nichibenren.or.jp/
　　　　legal_advice/oyakudachi/format.html

(2)　答弁の準備

　当事者の弁論は、まず、原告の訴状に基づく**請求の趣旨**および**請求の原因**の陳述で始まります。これに対して、被告がいかなる判決を求めるかを申し立て、原告が主張する事実に対して答弁することになります。

(ア)　訴訟要件の検討

　まず、訴えが訴訟要件を具備しているかを検討するかを検討します。訴訟要件を欠く場合には、本案の答弁をする前に本案前の答弁をする必要があります。**訴えの利益**や**当事者適格の有無、既判力のある裁判の存否**、契約に関する紛争では**仲裁合意の存否**などを確認することになります。原告が管轄権のない第一審裁判所に提訴した場合には、被告が**管轄違いの抗弁**[2]（民事訴訟法12条）を提出することもあります。

(イ)　訴訟物の把握

　次に、訴状の**訴訟物**が何か、その請求原因である**主要事実**は何か、どのような事実が**抗弁**になるかなどを検討します。

　訴状の**請求の原因**には、争点を明らかにするため、請求原因である主要事実のほか、予想される抗弁等に対する先行的積極否認や先行自白、先行的再抗弁、さらにこれらの事実に関連する事実で重要なもの（**重要な間接事実**）

2　民事訴訟法16条以下は、管轄違いの場合について、申立てまたは職権による移送を定めていますが、被告訴訟代理人としては、職権の発動を待つまでもなく、自ら管轄の有無を検討したうえで、管轄違いの場合（民事訴訟法16条）、遅延を避けまたは衡平を図るため必要な場合（民事訴訟法17条）はもとより、簡易裁判所の事件であっても複雑で地方裁判所に移送したほうが適当な場合（民事訴訟法18条）には、まずこれを主張してより適切な管轄の裁判所への移送申立てを検討すべきです。

が記載されていることがあります。

したがって、訴状に記載された事実が、それぞれ上記のいずれに該当するのか、あるいは単なる**事情**であるかを分析して検討し、また、訴訟物は何であるかを的確に把握することが必要です。

実務上よく問題となる例として、明渡請求の場合、物権的請求なのか、債権的請求なのか、損害賠償請求の場合、債務不履行に基づくものなのか、不法行為に基づくものなのかが問題となります。また、不法行為に基づく損害賠償請求の場合、民法709条に基づくものなのか、それとも特殊的不法行為³（民法715条、717条、719条など）に基づくものかが問題となります。代理構成に基づく請求と考えられる場合には、代理構成（代表構成）なのか、使者構成なのか、代理構成に基づく請求の場合、有権代理だけを主張するのか、それとも表見代理も主張するのか、またはこれらのいずれも主張するのかが問題となります。

(ウ) 争点の把握・方針の決定

被告訴訟代理人は、訴状に記載添付された書証を検討し、また、被告本人や関係者から事実の有無のみならず事件の背景などもヒアリングして、真の争点がどこにあるのかを把握することが重要です。このような検討を通じて、事件処理の方針決定が可能となります。

(3) 請求の趣旨に対する答弁

(ア) 本案前の答弁

訴えの管轄以外の訴訟要件が欠けている場合は、

　「**本件訴えを却下する。**

　　との判決を求める。」

と答弁します。

訴訟要件の存否は、原則として裁判所が職権で調査すべき事項で、被告の

3　特殊的不法行為は、立証責任や責任範囲等の点で被害者保護に厚い建付けとなっています。

主張は必要としませんので、被告の主張は単に裁判所の職権発動を促す意味を有するにとどまりますが、被告としては訴訟要件が欠けている場合は却下を求めるべきです。

　なお、管轄違いの場合には、民事訴訟法16条以下で申立てまたは職権による移送の手続が定められています。被告がこれらの手続をとらずに本案につき弁論をし、または弁論準備手続で申述したときは、他に法定の専属管轄がない限り応訴管轄を生じることになります（民事訴訟法12条、13条1項）ので注意が必要です。

　㈡　請求の趣旨に対する答弁（本案の答弁）

　　ア）　請求棄却を求める部分

　　原告の請求に理由がないときは、

　　　「原告の請求を棄却する。

　　　との判決を求める。」

と答弁します。

　　イ）　原告が同一の被告に対し数個の請求を併合した場合は、

　　　「原告の請求をいずれも棄却する。

　　　との判決を求める。」

と答弁します。

　なお、**主たる請求**と**附帯請求**とが併合されているだけの場合、端的に「**原告の請求を棄却する**」でかまいません。附帯請求は、主たる請求とは別個の訴訟物ですが、通常は主たる請求が立たなければ附帯請求も立たないので、「いずれも棄却」とは表記しません。

　㈢　付随的申立て

　　ア）　訴訟費用負担の申立てについて

　　　「訴訟費用は原告の負担とする。」

と記載します。

　裁判所は、申立ての有無にかかわらず、職権で訴訟費用の負担について裁判しなければなりません（民事訴訟法67条）。したがって、この申立ては、必

ずしもする必要はありませんが、申立てをするのが慣例であり、職権発動を促す意味で記載しましょう。

　イ）　仮執行免脱宣言の申立て（民事訴訟法259条3項）

　裁判所は、申立てまたは職権で、裁判所の裁量により定められる担保を供して仮執行を免れることができる旨を宣言することができます。国家賠償請求訴訟など特別な裁判で申立てを行うことがありますが、被告側からすると敗訴を前提とするので、却下や棄却を求めれば足り、一般的には、この申立てはしません。

(4)　請求の原因・関連事実の主張に対する認否

　請求の原因・関連事実の主張に対する認否とは、原告の主張する主要事実や重要な間接事実について、被告がどの点を争い、どの点を認めるのかを明らかにすることです。民事訴訟は、民事訴訟法・規則に定められた手続にのっとって、訴訟当事者がそれぞれと主張を展開し、立証（反証）し、裁判所にその主張事実を認めてもらう手続です。迅速かつ充実した審理を行うためには、**民事訴訟手続における主張・立証の基本構造**に基づいて原告・被告双方が、お互いに協力し合って、争点を絞っていくことが必要になります。そのためにも、**民事訴訟の初期の段階において、被告が訴状記載の事実に対して正確な認否を行うことは大変重要**です。わかりやすい請求の原因の記載を行うことの重要性を強調したのはこのためです。

　㋐　認否にあたっての留意点（総論）

　迅速かつ充実した審理という認否の重要な意義から、「請求の原因」に対する認否は、一つ一つの事実を検討して、個別にかつ正確に認否することが必要です。

　ア）　認否の範囲

　主要事実だけでなく、間接事実・補助事実も認否します。訴状の「請求の原因」には、請求原因である主要事実に関連する事実で重要なもの（重要な間接事実）も記載されていますが、これを含めた間接事実や補助事実は、主

要事実と異なり、これらに対する認否は裁判所を拘束しませんが、弁論の前趣旨として自由心証の対象となりますので、これらについても認否すべきです。

　　イ）　個別かつ正確な認否を

　抽象的であいまいな認否では争点が明らかにならず、誤った認否をしてしまうリスクがあります。

　認否の結果によって、原告の攻撃防御や立証活動の範囲が決まり、裁判所にとっては事実整理や証拠調べの範囲が決まるので、できるだけ個別にかつ正確に認否して争点を絞り込む努力をしましょう。

　　ウ）　認否もれをなくそう

　相手方の主張した事実を争うことを明らかにしないときは、原告の主張に対する「沈黙」となり、弁論の全趣旨よりその事実を争ったものと認められる場合を除き、その事実を自白したものとみなされます（擬制自白。民事訴訟法159条1項）。

　矛盾なく、もれのない認否をするための一つの方法として、訴状の「請求の原因」の記載部分のコピーを準備し、「認める」は○や下線、「否認する」は×や抹消線、「不知」は△や波線というように、認否の結果を訴状（のコピー）に記載して視覚的に把握できる工夫をするのも効果的です。

　　エ）　原告の主張が不明確な場合の対応

　たとえば、「過失」（注意義務の内容や注意義務の違反事実）の主張が不明確な場合などは、認否は留保したうえで、裁判長を通じて釈明を求め（民事訴訟法149条3項）、釈明結果を待って認否することも検討しましょう。

　当事者は直接に相手方に対して釈明権を行使はできませんが、相手方の主張の趣旨を確認するために、裁判長に必要な発言を求めることができます。実際には正式に発問権を行使することはなく、実務上は、一方当事者が相手方に対して直接問いを発し、相手方もこれに応じており、裁判長も事実上これを容認するかたちで運用されています[4]。

(イ) 認否の態様（各論）

請求の原因に対する被告の答弁としての認否には「認める」「否認する」「不知」「争う」[5]の４つの態様があります。それぞれについての留意点は以下のとおりです。

ア) 「認める」

① 原告の主張する**主要事実（要件事実）**を被告が認めると自白となり、証拠を要しないのみならず、裁判所としては、これに反する認定はできなくなります（**弁論主義第２原則**。民事訴訟法179条）。

② 認める場合の留意点

(i) 認める場合は特に慎重に！……認める認否は、上記のとおり自白が生じることから、特に慎重にすべきです。ひとたび自白すると、その撤回は相手方の同意または自白が真実に反し、かつ、錯誤に基づいてなされたものであることを証明した場合でなければ許されません。

(ii) 認める対象をできるだけ特定・限定しましょう……「その余の事実を認める」という認否方法はできるだけ避けるようにしましょう。「その余」のなかに予想外の事実が入っていて予想外の事実を認めてしまう危険性があるからです。まずは認める事実を特定・限定し、できるだけ「**○○の事実は認め、その余は否認する**」「**○○の事実を認め、その余の事実は不知**」等のかたちで認否をするよう心がけましょう。

また、「○○以外の事実を認める」という認否（たとえば、「特約の点を除き認める」）にも同様のリスクがあることから、できる限り避けることが望ましいでしょう。

なお、認める部分の分量が多い場合、事実を個別にピックアップせず、「１行目『○○』から11行目『○○』までの事実は認める」という認否方法が便利です。

(iii) 相手方の主張を要約して認否することはできるだけ避けましょう……

---

4 『民事訴訟法講義案（三訂版）』（司法協会）129頁。

5 「沈黙」を入れることもあります。

原告の主張を要約して、たとえば、「原告主張の賃貸借契約を締結した事実は認める」「原告の主張に係る交通事故発生の事実は認める」などと原告の主張を要約して認否することが実務上見受けられますが、できれば避けたほうがよいでしょう。要約内容が不正確な場合や要約がどこからどこまでの事実を指すのか判然としないことがあるからです。予想外の事実を認めてしまうことになりかねないリスクがあります。

　　イ）「否認する」
① 否認とは、相手方の主張事実が真実ではない、または存在しないという事実上の陳述です。被告が否認した事実については、原告が証明をしなければなりません。

　　否認する場合には、相手方の主張する事実が真実でないと陳述するだけでは足りず、相手方の主張する事実と両立しない別個の事実を主張するなどして**否認の理由**を述べなければなりません（民事訴訟規則79条3項）。これを**積極否認**、**理由付否認**などと呼びますが、被告が相手方の主張を否認するにはなんらかの理由があるのが通常であり、その理由を明らかにさせることによって、争点をより明確にすることができるからです。このような被告の主張は、抗弁（相手方の主張する事実と両立する）であると誤解されることを防止するために、相手方の主張事実を否認する旨を明確に答弁したうえでなされるべきです。また、認否の記述に続けて積極否認事実を記載すると争点が明確になるでしょう。

② 否認する場合の留意点
　（i）　否認の理由を記載するのは法的要請です（民事訴訟規則79条3項）……予想される争点を明示し、「被告の主張」内容を予告するためです。必ずしも詳細に記載する必要はなく、簡潔かつ明瞭な記載で足ります。詳細は「被告の主張」の部分で記載します。
　（ii）　調査の時間が不足し、否認にするか不知にするか決断がつかない場合には、「○○の事実については、調査の上追って認否する」と記載します。

(ⅲ)　否認の理由に説得力をもたせるため、**証拠を引用**することが効果的です。

ウ）「不知」

①　不知の陳述、相手方の主張事実を「争ったものと推定」されます（民事訴訟法159条2項）。推定とは、否認として取り扱うことが不合理な場合を除き、否認として扱われるという意味です。

②　不知とする場合の留意点……自分または自分の支配領域内に関する事実、容易に確認できる事実はむやみに不知としてはいけません。「不知」の濫用は裁判官に対し、「準備不足な弁護士」「信用できない弁護士」との印象を与えかねません。たとえば、自ら署名押印した覚書や契約書の特約条項につき「不知」という認否をするのは不適切です。仮に、契約書をよく読まずに署名押印したという理由で合意の効力を争うのであれば、「否認」または「争う」と言い切らなければ説得力がありません。

エ）「争う」

請求の原因の記載のなかに、法律上の主張が入っていることがあります。「争う」は、被告としてこの「法律上の主張」を認めない場合に使います。上述のとおり、請求の原因記載の「事実」を認めない場合には「否認する」と認否します。

(5)　被告の主張

⑦　被告の主張の意義

答弁書は被告から最初に提出される**準備書面**ですので、本当の争点を裁判所に理解してもらうためにも、抗弁を構成する**主要事実**に加えて、証拠の検討や事実関係の詳細な調査から得られた**間接事実**を取捨選択したうえで、被告の主張として記載します（民事訴訟規則80条1項）。積極否認に属する事実についても、それが重要な争点であり、かつ、立証に確信がもてるならば、答弁書中に記載して裁判所を説得するよう努めるべきであり、主張責任がないことを理由に、単純に「否認する」とのみ記載するだけでは十分でありま

せん。

　しかし、被告にとって有利な事実であっても、被告として未確認の事実または答弁書作成時点では有力な証拠が見つかっていない事実がある場合は、主張や証拠の提出の是非・時期等について慎重に検討すべきです。そのような場合には、いったん答弁書における主張は留保し、すみやかに証拠収集等を行ったうえで次の準備書面で主張することも検討しなければなりません。

　㈣　記載すべき事実

　主として、**積極否認事実、間接反証事実、抗弁事実**の３つを記載します。

　　ｱ）　積極否認事実（否認の理由たる事実）

　積極否認事実とは、原告の主張事実と両立しない事実、たとえば、売買代金請求事件における売買契約成立の主張に対する贈与の主張等です。

　争点を明確にし、効率的な攻撃防御、迅速な訴訟進行のため、なぜ原告の主張事実を否認するのかを具体的に記載します（民事訴訟規則79条３項）。

　　ｲ）　間接反証事実

　間接反証とは、原告の主張する主張事実ａ（間接事実）から主要事実Ａが推定される場合に、ａと両立する別個の間接事実ｂを証明して、主要事実Ａの推定を妨げるための反証活動をいいます。Ａやａを直接に反証対象にしないので「間接」であり、Ａの不存在を「立証」する必要はないから「反証」となります。

　原告が被告に対し100万円の貸金返還請求訴訟を提起した例をあげて説明します。100万円貸した翌日に被告名義の口座には100万円入金された（間接事実ａ）との原告の主張に対し、被告は、100万円は競馬で当たったものだ（間接事実ｂ）と主張するような場合です。

　100万円が被告名義の口座に入金されたという間接事実ａは、競馬で100万円当たったという間接事実ｂと両立しますが、主要事実（貸金返還請求権）の存在を妨げる立証活動です。

　間接反証については、第７章「証拠」の二段の推定の箇所（後掲する図表７−２参照）でも説明します。

ウ）　抗弁事実

①　抗弁の意義……抗弁とは、原告の主張事実が存在することを前提としながら（両立する）、原告の請求を排斥するに足りる事実をいいます。抗弁は、(ⅰ)　被告に主張立証責任があり（被告の主張立証責任）、(ⅱ)　請求原因から生ずる法律効果をつぶすことのできる（請求原因の効果の阻害）、(ⅲ)　請求原因と事実レベルで両立する事実（両立性）のことです。

　　請求原因と両立しない事実の主張は、否認の理由たる事実であって、抗弁ではありません。

②　抗弁の種類……抗弁には以下のようなものがあります。

　(ⅰ)　障害の抗弁……請求原因事実の主張・立証による法律効果の発生を障害する抗弁

　　　（例）　錯誤無効の抗弁

　(ⅱ)　消滅の抗弁……請求原因事実の主張・立証により発生する法律効果を消滅させる抗弁

　　　（例）　消滅時効の抗弁、弁済の抗弁

　(ⅲ)　阻止の抗弁……請求原因事実の主張・立証により発生する権利の行使を阻止する抗弁

　　　（例）　同時履行の抗弁、留置権の抗弁、催告・検索の抗弁。なお、この抗弁は、客観的事実があるだけでなく、権利行使の具体的な意思表示が必要であるため、権利抗弁と呼ばれています。

㋒　被告の主張記載にあたっての留意事項

　訴状の**請求の原因**の記載事項の説明が当てはまります。答弁書の記載に対して、今度は原告が準備書面で認否・反論をすることになります。したがって、答弁書の被告の主張記載にあたっても、**民事訴訟手続における主張・立証の基本構造**をふまえ、争点が明確になり、早く実質審理に入れるように工夫することが必要です。簡潔な文章で整然かつ明瞭に記載することを心がけること（民事訴訟規則5条）、事案に応じて適切な項目分け、小見出しを使用することが有用です。

第2　準備書面

1　準備書面の意義

　準備書面は、訴訟当事者が口頭弁論等で陳述しようとする事項をあらかじめ記載して裁判所に提出する主張書面です。

　訴訟手続において、準備書面を提出するのは、通常、訴状、答弁書が提出された後であり、多くの場合、すでに訴状、答弁書において、主要事実のみならず、ある程度の事情は記載されています。準備書面における事実の記載は、その後の訴訟手続の進展に対応し、また、争点を絞りつつ訴訟手続を進展させるものでなければなりません。

　訴状は準備書面ではありませんが、訴状に請求を理由づける事実（民事訴訟規則53条1項）を記載した場合は準備書面を兼ねるものとされています（同条3項）。また、準備書面のうち、被告の本案の申立てを記載した最初の準備書面を特に**答弁書**といいます（民事訴訟法158条、319条、民事訴訟規則201条参照）。その意味においては、準備書面の記載についての留意事項は、基本的には、訴状「請求の原因」および答弁書の「被告の主張」の記載に関する留意事項が当てはまります。

　しかし、準備書面を作成する目的は、訴状の請求の原因や答弁書における記載とは別の目的もあります。すなわち、訴状の請求原因事実や答弁書の抗弁等の**主要事実を補充したりあるいは追加**したりすることと、**相手方の主張に対する反論や積極否認事実、主要事実の存否に関する間接事実、証拠の証明力の評価に関する補助事実**などを、**訴訟手続の進行過程に応じて、必要ないし有益**と考えられる範囲で、**主張**することにあります。

　この場合、特に事情の記載は冗長になりやすく、何を目的としているのがわかりにくくなりがちですので、記載する事項ごとに見出しをつけたり、段落を変えたりするなど、主張内容を明らかにする工夫がきわめて大切です。また、主張する事情が**主要事実**や**証拠**とどのような関連があるのかも示し、

当事者の主張の意図が裁判所に伝わるよう配慮が必要となります（書式5－2参照）。

【書式5－2】　準備書面

平成13年（ワ）第○○○○号　保証債務請求事件　　　　　　　　**直送済**
原　告　　甲　山　一　郎
被　告　　乙　川　次　郎

第1準備書面

平成13年○月○○日

　○○地方裁判所民事第○部○係　御中

　　　　　　　原告訴訟代理人弁護士　　　　甲　野　太　郎　印

1　本件連帯保証契約の締結について
　本件貸付けについては、連帯借用証書（甲1）が作成されている。その連帯保証人欄の被告の署名押印は、いずれも乙川明子がしたものであるが、被告は、これに先立ち明子に対し、本件連帯保証契約締結の代理権を授与していた。明子は、この署名押印をすることにより、被告のためにすることを示して本件連帯保証契約を締結したものである。
（以下省略）

（出典）　日本弁護士連合会「役立つ書式など」から引用。https://www.nichibenren.or.jp/legal_advice/oyakudachi/format.html

2　準備書面を作成する際の留意事項[6]

（1）　準備書面作成にあたっての留意点

（ア）　法律構成を示す

　準備書面は、訴訟物たる権利の存否を論証するものですので、特に**最終準備書面**においては、その主張の総まとめのため、自らの主張につき法律構成を明示し、当該法律構成における「権利の発生、障害、消滅、阻止の法律効

果を生じさせる主要事実」の存否を示すことを心がけるべきです。

　すなわち、原告として請求原因を主張し、被告として抗弁を主張するなど、自らの法律構成を積極的に行うべき立場にある場合には、いわゆる法的三段論法の原則にのっとり、大前提としての「法律要件」を示したうえで、小前提としての「主要事実」が存在することを、記録に表れたすべての証拠にも基づいて論証し、さらに小前提を大前提に当てはめた結論としての「法律効果」を記載すべきです。自ら法律構成をして論証しなければならない立場にあるにもかかわらず、このような過程の一部を省略するときは、当該書面のみでは完結した書面とはいえず、十分な説得力をもたないことになります。

　(イ)　相手方の主張に対して反論する

　相手方の主張する法律構成に対して反論する立場にあるときには、法律構成の立て方や解釈が不当であること（大前提の部分）、主要事実が存在しないこと（小前提の部分）等の主張を、事案に応じて適切な配分で論証します。その際、相手方の法律構成が複数ある場合には、すべての構成に対して反論する必要があります。

　(ウ)　証拠に基づいて事実の存否を論述する

　主要事実のうち争いのある事実については、証拠によってその存否を立証する必要がありますが、有力な直接証拠がない場合には、**間接事実**を適切に指摘し、その積重ねと**経験則**を駆使することによってバランスよく的確な論証をしなければなりません。また、**重要な間接事実**についても同様の論証が必要です。

　特に**最終準備書面**では、記録に表れたすべての証拠によってどのような間接事実が認定できるのか、それらに基づけば、どのような経験則によって主要事実や間接事実があるといえるのか、あるいはないといえるのかを論証すべきです。間接事実については「具体的に」「正確に」「豊富に」把握し論述

6　『司法修習生のための民事弁護の基礎知識（増補版）』（司法研修所）参照。

することで、説得力のある準備書面となります。

　(エ)　当事者の「代理人」として準備書面を作成する

　準備書面は、一方当事者の代理人として、その主張が正当であることを示すために提出する書面です。第三者的な立場で記録を分析して論じたり、裁判官的な視点から双方の主張および証拠を評価して判断したりするものではありません。

　たとえば、形式的な話になりますが、判決書のように「以上の証拠によれば、以下の事実が認められる」「以上の事実を総合すれば、●●の事実が認められる」のような論述に終始するのは一方当事者の訴訟代理人が作成する書面としてはふさわしくありません。

(2)　読みやすく、わかりやすい記述を

　民事訴訟規則5条は「訴訟資料は、簡潔な文章で整然かつ明瞭に記載しなければならない」と規定しています。準備書面は、全体の構成、各構成部分の記述のいずれにおいても、裁判官をはじめとする読み手に配慮したわかりやすいものでなければなりません。この点は、どのような法律文書でも共通です。

　読みやすく、わかりやすい準備書面は、読み進めながら段落ごとに頷き、止まることなく一気に読み終えることができるものです。途中で頁をさかのぼらなければ意味がわからないもの、記録の参照箇所を探さないと理解できないものは、読み手に与える印象は悪いものとなります。

　読みやすく、わかりやすい準備書面にするための工夫としては、たとえば、以下が考えられます。

　(ア)　構成の重要性

　構成段階で、大項目、中項目、小項目としてどのような記述をするかを明確にし、その構成に従って論述を進めます。

　(イ)　冒頭で準備書面の全体像を示す

　複雑な事案や争点の多い事案の場合には、冒頭に「総論」あるいは「●●

の主張の骨子」などとして、準備書面を構成する主張の骨子と結論を明示するのが効果的です。これにより、その後の記述を予測しながら読み進めることができ、理解が容易になります。

(ウ) 争点・結論・理由を意識する

各項目では、その項目で何を論ずるのか（争点）、それについてどのような立場をとるのか（結論）、それはなぜか（理由）を意識しつつ論述します。

常に争点、結論、理由の順に記載すべきということではありませんが、それぞれが明確に読み取れるような書面が説得力のある書面です。また、いうまでもなく、理由については、証拠をふまえた十分な論証がなされなくてはなりません。争点として相手方の主張を長々と紹介したうえで自説の論証が貧弱なものでは説得力がないことは明らかです。

(エ) 条文の明示と証拠の引用

法律構成を示す場合、条文を明示することが必要です。条文は、(●●法●条●項) のようにカッコ書で記載します。事実については事実ごとに証拠を具体的に引用しましょう。

(オ) 見出し、小見出しの活用と項目番号の振り方

各項目の内容を端的に表す見出しや小見出しをつけましょう。たとえば、合意がなかったことを論証したい場合には「合意」または「合意の存在」と記載するのではなく、「合意の不存在」などと記載します。見出しは、できるだけ単純で明瞭であることが必要であり、数行にわたるようなものは、かえってわかりにくくなります。

また、項目ごとに番号を振りましょう。

　　第1、第2…
　　1、2…
　(1)、(2)…
　ア、イ、…
　(ア)、(イ)…

の順とし、その順に大項目から小項目に分類するのが一般的です。

第**6**章

争点整理・
弁論準備手続

第1 争点整理

1 争点整理の意義

　民事訴訟における争点整理とは、「争いのもとになっている重要な点」について「主張や証拠」を整理することです。

　端的にいえば、争点整理の実態は、**訴訟物・主要事実・重要な間接事実をめぐる主張や証拠の整理**です。

　争点整理および証拠等の整理（争点整理）は、立証すべき事実を明確にして、これについて**集中証拠調べ**を行い（民事訴訟法182条）、充実した審理を実現するための不可欠の前提であると考えられます。すなわち、適正な裁判を実現するには、裁判所が、当事者間に争いのない事実や客観的な証拠によって確実に認定できる事実から、当該事案の大きな枠組みをまず把握したうえで、各争点についての証拠を検討することが必要となります。このような手順を踏まずに、当事者が、単に、自分に有利だと思う主張や証拠を出し合っていたのでは、論点がいたずらに増えるばかりで、審理が長期化してしまいます。これでは、適正かつ迅速に紛争を解決することは困難です。

　訴訟当事者および裁判所が、お互いに協力し合って、事実関係、争点、証拠および立証計画等について率直に議論をし、争点を整理・集約し、真の争点に対し、必要にして十分な主張・立証を展開することによってはじめて、当事者の納得が得られるとともに、迅速で適正な紛争解決が可能となります。

2 具体的な作業内容

(1) 主張レベルでの検討

　訴訟物について、必要十分な**主要事実**が記載されているか、相手方が争う主要事実と争わない主要事実は何か、主要事実を推認させる**間接事実**と推認

を妨げる**間接事実**としてはいかなる事実があるか、相手方が争う**間接事実**と争わない**間接事実**は何かという観点から、当事者の主張する事実についての検討を行います。

(2) 証拠レベルでの検討

次に、争いのある事実を証明する証拠方法があるか、それは何か、証拠の信頼性に関する**補助事実**の争いは何か、書証によってその事実は証明できているかなどの証拠の検討を行います。

(3) 法律論レベルでの検討

さらには、法律上の争いに関して、当事者の主張する法的解釈の根拠となる判例・学説を明らかにし、**経験則**を証明できるかを検討します。

争点整理手続は、上記(1)〜(3)の検討を通して、争点の絞込みを行って、訴訟における真の争点を確定し、最後必要な人証等の証拠調べの対象を決定する作業です。

読者の皆様には、当事者が訴状、答弁書および準備書面で主張している事実を整理するだけで争点は明確になっており、それに加えて争点整理までする必要はないと考えられる方もおられるかもしれません。もちろんそれが理想ではありますが、書証を詳細に検討し、当事者や関係者から事情を詳細にヒアリングすると、それまでの当事者の主張が明らかに根拠のないものであったり、または誤解に基づくものであったり、争いのない事実であったりして、争点であると思われていたものがそうではなく、真の争点はまったく別のところにあることが明らかになる場合もあります（『民事訴訟第一審手続の解説（第4版）』（法曹会）37頁）。真の争点が明らかになれば、これを証明し判断するのに適切な書証や人証も自ずと定まり、取り調べられるべき証拠も整理され、限定されたものになります。争点整理の意味はまさにここにあるのであり、紛争の実体を的確に把握することによって、真の争点[1]が洗い出

され、その証明に必要な証拠が整理され、充実した証拠調べが可能となります。

3 釈明権行使について

　裁判所は、効率的で充実した争点整理を実施するため、適切に釈明権を行使する必要があります（民事訴訟法149条1項）。

（1）　釈明権の意義

　釈明権とは、裁判所の訴訟指揮権の一作用として、当事者に対し十分な弁論を尽くさせて事件の事実関係や法律関係を明らかにする裁判所の権能をいいます（民事訴訟法149条）。**弁論主義**からすると、事案の解明は当事者の権能であると同時に責任でもありますが、弁論主義の形式的な適用による不都合を修正し、当事者に実質的な弁論の機会を保障して充実した審理を実現すること、および事案解明の停滞に起因する審理の遅延・混乱を回避することは裁判所の責務です。特に、争点整理手続を実施した後に**集中証拠調べ**が実施されることが多い現行の実務に照らすと、当事者の主体的な準備を促すことを通じて、裁判所が事実関係の釈明に積極的に取り組み、期日における審理を充実したものとすることが必要になります。

（2）　釈明権の範囲

ア　釈明権の適切な行使

　釈明権は、**弁論主義を補完**するものとして適切な範囲で行使されなければなりません。釈明権は、時期・範囲・方法・態様のいずれにおいても適切でなければなりません。

　釈明権の行使が行き過ぎれば、事案の真相をゆがめたり、不公平な裁判を受けたとして国民の信頼を失ったりする危険があります。半面、適切な釈明

1　実務では、主要事実の存否にとどまらず、間接事実や補助事実が真の争点になることも少なくありません。

権の行使を怠れば、不親切な審理と批判されるかもしれません。

　もっとも、**弁論主義**のもとでは、訴訟資料・証拠資料を提出する責任は、当事者に課されていることから、釈明権の不行使が、すべて釈明義務違反とされるわけではありません。

イ　消極的釈明と積極的釈明について

　消極的釈明とは、当事者の主張や申立てが矛盾していたり、不明瞭であったりする場合に、それを問いただす釈明のことです。積極的釈明とは、当事者が事案の解明に必要な主張や申立てをしていない場合に、これを示唆し、指摘する釈明を意味します。

　消極的釈明は、当事者間の公平を害することはないので、許容されますが、その不行使が裁判の結果に影響する場合には、原判決の破棄理由（民事訴訟法312条3項）になります。

　他方で、積極的釈明に関しては、過度の行使は、事案の真相をゆがめたり、不公平な裁判となったりするおそれがあるので、慎重になされるべきであり、その不行使があっても破棄理由にはなりにくい傾向があるといわれています。

　当事者が消滅時効の主張を忘れているときに裁判所がそれを釈明すべきかどうかについては、民法145条（時効の援用）の趣旨や裁判所の中立性との関係から、釈明すべきかどうか微妙な問題があるといわれています[2]。

第2　弁論準備手続

1　争点整理手続の種類

　民事訴訟法は、「争点及び証拠の整理手続」として、以下のとおり、**弁論準備手続**のほかに、**準備的口頭弁論**、**書面により準備手続**の3つを設けてい

2　主張の一般的性格のみではなく、訴訟の具体的経過等に照らして検討すべき問題であるとの指摘があります（『民事訴訟法講義案（三訂版）』（司法協会）130頁）。

ますが、実際に実務で圧倒的に多く用いられるのは**弁論準備手続**です[3]。

① 準備的口頭弁論手続（民事訴訟法164条～、民事訴訟規則86条～）

② 弁論準備手続（民事訴訟法168条～、民事訴訟規則88条～）

③ 書面による準備手続（民事訴訟法175条～、民事訴訟規則91条～）

①～③の特徴については図表6－1参照。

図表6－1　争点整理手続一覧

	準備的口頭弁論手続	弁論準備手続		書面による準備手続
意義	争点および証拠の整理を目的とする口頭弁論	争点および証拠の整理を行う準備手続		当事者の出頭なしに準備書面の提出等により争点および証拠の整理を行う期日外準備手続
開始要件	争点整理の必要性（民事訴訟法164条）	争点整理の必要性および当事者の意見聴取（民事訴訟法168条）。同意は不要であるが、必要的口頭弁論の原則に配慮して、意見聴取を要することとした。		争点整理の必要性、遠隔地居住その他の相当性および当事者の意見聴取（民事訴訟法175条）
制度の特徴	多機能だが機動性には欠ける。	適度の機能と適切な操作性		簡便だが、機能が制約される。
主宰者	受訴裁判所	受訴裁判官	受命裁判官	裁判長（高裁受命可）
訴訟行為	口頭弁論であるため、争点整理目的であれば、すべて可能。	証拠の申出に関する裁判その他の口頭弁論の期日外に	証拠調べへの準備行為である調査嘱託，鑑定嘱託，書証	準備書面提出・書証の写しの提出等（民事訴訟法175条、176条

3　民事訴訟手続のIT化の過程で、裁判所支部の事件等において、電話会議システムを使い、双方当事者が不出頭でも争点整理を行うことができるよう、**書面による準備手続**を活用するケースが増加しています。

		おいてすることのできる裁判（民事訴訟法170条2項）。	の申出、送付嘱託に関する裁判（民事訴訟法171条2項カッコ書・3項）。	2項）、釈明権行使等（民事訴訟法176条4項、149条）。
		準備書面提出（民事訴訟法170条1項）、文書の証拠調べ（民事訴訟法170条2項、171条2項）、釈明権行使等（民事訴訟法170条5項、149条）、証拠の申出（民事訴訟規則88条1項）。	
手続公開	公開法廷	原則非公開だが関係者に傍聴させることは可能（民事訴訟法169条2項）。	公開の対象たる期日がない。
電話会議		一方当事者の不出頭の場合に利用できる（民事訴訟法170条3項・4項）。	利用できる（民事訴訟法176条3項）。
手続終了時の争点確認	原則として口頭で確認する（民事訴訟法165条1項）。相当と認めるときは、当事者に要約書面を提出させることができ（民事訴訟法165条2項、民事訴訟規則86条2項）、裁判所書記官に調書に記載させなければならない（民事訴訟規則86条1項）。	同左（民事訴訟法170条5項、民事訴訟規則90条）	口頭での争点確認は想定していない。相当と認めるときは，当事者に要約書面を提出させることができる（民事訴訟法176条4項、165条2項、民事訴訟規則92条、86条2項）。

手続終了後の口頭弁論における手続	準備的口頭弁論は、もともと口頭弁論であるから、弁論上程は不要。	弁論準備手続の結果を陳述する（口頭主義・公開主義・直接主義）とともに、証拠調べによって証明すべき事実を確認しなければならない（民事訴訟法173条、民事訴訟規則89条）。	準備手続で整理した攻撃防御方民事訴訟法を提出し（準備書面の陳述等）、証拠調べによって証明すべき事実を確認する（民事訴訟法177条）。
手続終了後の攻撃防御（理由の説明）	相手方の求めがあるときは、争点整理手続で提出できなかった理由を説明しなければならない（民事訴訟法167条、民事訴訟規則87条）。	同左（民事訴訟法174条、167条、民事訴訟規則90条、87条）	要約書面が陳述され、または要証事実が確認された後に攻撃防御方法を提出した者は、相手方の求めがあるときは、その理由を説明しなければならない（民事訴訟法178条）。

（出典） 『民事訴訟法講義案（三訂版）』（司法協会）170頁から引用・一部修正。

2 弁論準備手続の概要

(1) 開始手続

　裁判所は、争点整理のために必要と認めるときには、当事者の意見を聞いて、事件を弁論準備手続に付することができます（民事訴訟法168条）。

(2) 主　宰

　弁論準備手続は、受訴裁判所または受命裁判官が主宰します（民事訴訟法

168条、171条1項)。

(3) 公開・非公開

弁論準備手続は非公開ですが、裁判所が相当と認める者については傍聴を許すことができ、また、企業の業務担当者や当事者のために事務を処理するもの等当事者が申し出た者については、原則として傍聴を許さなければなりません（民事訴訟法169条2項）。このように傍聴を求めることが当事者の権利として規定されています。

弁論準備手続は、非公開とされています（この点が公開型手続である準備的口頭弁論との違いです）。争点整理を的確に行うには、紛争の背景事情をも明らかにしなければ十分でないこともあり、率直な意見交換と緊密な協議を通じて争点整理の精度を高めるためといわれています。また、紛争内容が純然たる私事にかかわることもありうるところであり、そのような場合は公開になじまないということができるでしょう。

(4) なしうる訴訟行為

弁論準備手続では、口頭弁論とほぼ同じ訴訟行為を行うことが可能です（民事訴訟法170条5項）。すなわち、訴訟当事者に準備書面を提出させ（同条1項）、証拠の申出に関する裁判とその拒否、その他の口頭弁論期日外においてすることができる裁判（文書提出命令の申立て、補助参加の申出、受継申立てに関する裁判等）も可能です。また、弁論準備手続では、文書、準文書の証拠調べをすることもできます（同条2項）。さらに、訴えの取下げ、和解、請求の放棄・認諾も可能です（民事訴訟法261条3項、266条1項）。

なお、受命裁判官が主宰する場合には、調査の嘱託、鑑定の嘱託、文書を提出してする書証の申出、文書送付嘱託についての裁判を除いては、裁判をすることはできません（民事訴訟法171条2項・3項）。

(5) 電話会議

　訴訟当事者の一方が遠方に居住しているなど裁判所が相当と認めるときには、裁判所は、当事者の意見を聞いて、電話会議の方法（裁判所および当事者双方が音声の送受信により同時に通話をすることができる方法）によって弁論準備手続を行うことができます。このように弁論準備手続は利便性が高く、当事者が不出頭でも期日を開くことができるため、一方当事者が遠隔地にいる場合等に、弁論準備手続が多く利用されている理由の一つとなっています。

　ただし、当事者の一方は期日に出頭していなければなりません（民事訴訟法170条3項ただし書）。電話のみで手続に関与した者も期日に出頭したものとみなされます（同条4項）。

　なお、現在、民事裁判手続等のIT化が検討されており、現行法上、弁論準備手続においてウェブ会議等を行うために、少なくとも一方当事者が裁判所に現実に出頭していることが要求されていますが（民事訴訟法170条3項ただし書）、この要件を廃止するとともに、争点整理手続等をより利用しやすくするため「当事者が遠隔の地に居住しているとき」（民事訴訟法170条3項等）という要件を廃止することが提案されています。

(6) 弁論準備手続の終結

　弁論準備手続を終結するときは、裁判所は、**要証事実**を当事者との間で確認します（民事訴訟法170条5項、165条1項）。また、裁判長は、相当と認めるときは、当事者に争点整理の結果を要約した書面（要約書面）を提出させることができます（民事訴訟法170条5項、165条2項）。実務上は、当事者には準備書面を提出してもらえば足りることから、裁判官のみが作成する場合が多いと思われます。しかし、提出の要否はともかく、当事者の訴訟代理人としては争点整理の結果を頭に入れておかなければなりません。

　当事者は、弁論準備手続の結果を口頭弁論で陳述しなければなりません

（民事訴訟法173条）。当事者は、その際、その後の証拠調べで証明すべき事項を明らかにしなければなりません（民事訴訟規則89条）。もっとも実務上は、「口頭弁論手続の結果陳述」ですませている場合が多いと思われます。

3 争点整理案

上述のように弁論準備手続を終結するときは、裁判長は、相当と認めた場合は、当事者に争点整理の結果を要約した書面（要約書面）を提出させることができます。

ではこの要約書面、すなわち争点整理案とはどのようなものでしょうか。一例は書式6－1のとおりです。

【書式6－1】 争点整理案

令和元年（ワ）第○○号　売買代金請求事件
原　告　　X
被　告　　Y社

争点整理案

第1　請　　求
　1　主位的請求
　⑴　Y社は、Xに対し、■■■万円及びこれに対する平成30年▲月▲日から支払済みまで年6分の割合による金員を支払え。
　⑵　訴訟費用はY社の負担とする
　2　予備的請求
　⑴　Y社は、Xに対し、■■■円及びこれに対する平成29年△月△日から支払済みまで年5分の割合による金員を支払え。
　⑵　訴訟費用はY社の負担とする

第2　事案の概要
　1　本件は、Xが、△△△を営む被告Y社の従業員たる□□□□との間で、平成29年○月○日から同月○○日まで、別紙売買取引目録記載の製品を売り渡すという契約（以下、「本件売買契約」という。）を締結した。Xが、Y社に対して本件売買契約に基づく代金債務の履行を請求したとこ

ろ、被告Y社は□□□□は無権限だとして、これを拒絶された。このため、XはY社に対し、選択的に、有権代理及び表見代理に基づく履行の請求、並びに不法行為（使用者責任）に基づく損害賠償請求、これらの請求に対する遅延損害金の支払を請求した。

2　争いのない事実等

(1)　当　事　者

ア　X

X は、●●●を業とする個人である。

イ　Y社

Y社は、△△△を業とする株式会社である。

(2)　本件契約売買契約の締結（甲○○号証）

〈以下省略〉

第3　争　　　点

1　本件各売買契約の締結は□□□□がY社から委任された業務の範囲内か。

2　基本代理権の有無

3　Xが□□□□に本件各売買契約締結の代理権があると信じたことについての正当事由の有無

4　□□□□の行為の業務執行性

5　Y社に□□□□の選任・監督の過失があるといえるか。

6　選任・監督の注意を尽くしたとしても、損害の発生が不可避だったといえるか。

7　□□□□の契約締結行為が業務の執行につき行われたと信じるにつき、Xに重過失があったといえるか。

第4　各争点に対する当事者の主張

1　争点1について

(1)　Xの主張

〈省略〉

(2)　Y社の主張

〈省略〉

2　争点2について

〈以下省略〉

以　上

4　進行協議期日

　進行協議期日（民事訴訟規則95条〜98条）は、口頭弁論期日外においても受けられる期日であり、整理された争点と証拠調べとの関係を確認するなど訴訟進行に関して必要な事項を打合せするための期日をいいます。

　進行協議期日は、民事訴訟法上の争点整理手続ではありませんが、口頭弁論の期日外において、口頭弁論における審理を充実させるため、争点と証拠調べの関係の確認等のほか、証拠調べの時期等についての審理計画を策定したり、医療過誤事件、建築紛争事件等の専門的知見を要する事件について専門家を交えた議論を行ったりすることにも用いられています。

第**7**章

証　　　拠

第1 はじめに

弁論主義第3原則は、「争いのある事実（主要事実に限らず、間接事実や補助事実も含まれます。）を認定するための証拠は、原則として当事者が申し出たものによらなければならない」というものです。**民事訴訟手続における主張・立証の基本構造**によれば、いくら立派な主張をしても良質な証拠に裏付けられた主張でなければ意味がありません。

そこで、本章では、証拠についての基本的な概念を理解し、訴訟当事者として、どのような証拠をどのように提出すれば、自らの主張を立証できるのかを述べます。

第2 証拠がなぜ必要か

民事訴訟手続において証拠はなぜ必要なのでしょうか。

民事訴訟手続は、具体的事実に法規を適用して訴訟物たる権利関係の存否について審理・判断することによってなされます（**民事訴訟手続における主張・立証の基本構造**）。すなわち、原告が訴訟の主題として提示した権利や法律関係などは観念的な存在にすぎないので、それを目でみたり触ったりするなどして直接認識することは不可能です。また、これを直接証明する方法もありません。民法、商法などの実体法は、どのような**事実（主要事実）**が存在すれば、どのような権利が発生し、あるいは変更・消滅するかを規定しています。すなわち、**主要事実**の存否が確定できれば、それに実体法を適用して権利の存否を推認することが可能になります。それゆえ裁判所は、裁判をするにあたって、適用すべき法規の存在やその内容の解釈を行うとともに、法規の適用の対象となる**事実**の存否を確定することが不可欠となります。この裁判所による事実認識の作業を**事実認定**（第2章「民事訴訟手続における主

張・立証の基本構造」第8参照）といいます。

　裁判所は、事実認定にあたり、訴訟当事者が自白した事実および裁判所に顕著な事実は、そのまま判断の基礎にしなければなりません（**弁論主義第2原則**）。しかし、それ以外の事実については、裁判所は、恣意的に判断することは許されず、証拠に基づいてこれを認定しなければなりません。すなわち、裁判が適正になされるためには、事実認定の過程が客観的に公正なものでなければなりません。このような要請から、事実認定の公正を担保するため、事実認定するにはその資料としての証拠が必要となります。これを**証拠裁判主義**といいます。

第3　証拠に関する基本的な概念

　ここで証拠に関する基本的な概念を整理しておきましょう。

1　証拠方法、証拠資料、証拠原因

　「証拠」とは何でしょうか。

　証拠という言葉は、多義的に用いられます。すなわち、

① 　証拠調べの対象となる有形物（**証拠方法**）

② 　その取調べによって裁判所が得た内容（**証拠資料**）

③ 　証拠資料のうちで事実認定の原因となったもの（**証拠原因**）

といわれます。

　証拠原因となるものは、証拠調べの結果のほか、**弁論の全趣旨**があります（民事訴訟法247条）。

　証拠方法には、**人証**と**物証**があります。人証には、**証人**、**当事者本人**、**鑑定人**、物証には、**文書**、**検証物**があります（図表7－1参照）。

　このような証拠方法の取調べから得られる証言、当事者の供述、鑑定意見、文書の記載内容、検証の結果等の資料を**証拠資料**といい、そのなかで裁

図表7−1　証拠方法と証拠資料

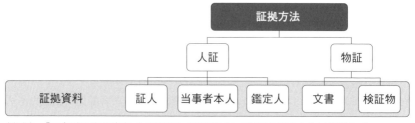

（出典）　『民事訴訟法講義案（三訂版）』（司法協会）178頁の図をもとに筆者作成。

判官の心証形成の基礎となった資料を**証拠原因**といいます。

　したがって、訴訟当事者としては、**証拠原因**となるように適切な証拠方法を選択していくことが必要になります。

2　証拠能力、証拠力（証明力・証拠価値）

　人証や物証などが証拠方法として用いられる適格を**証拠能力**といいます。民事訴訟においては、刑事訴訟法（319条、320条等）とは異なり、**自由心証主義**が広く認められており、証拠能力の制限は原則としてありません。

　証拠資料が裁判官による事実認定に役立つ程度を**証拠力（証明力、証拠価値）**といいます。これには形式的証拠力と実質的証拠力の2段階があり、特に書証についてはこの区別は重要になります。**証拠力**の評価は裁判官の自由な判断に委ねられています。

3　直接証拠と間接証拠

　証拠には、証拠の機能という観点からの分類として、直接証拠と間接証拠があります。**主要事実を直接に証明するための証拠**を**直接証拠**といい、**間接事実**や補助事実を証明するための証拠を**間接証拠**といいます（第2章「民事訴訟手続における主張・立証の基本構造」参照）。

書証は、作成時点作成者の認識が反映固定されているので、一般に高い信用性を有するといえます。人証は、人間の記録力や認識には限界がありますので、供述自体の合理性、一貫性、具体性などは一応の基準になるとしても、記憶違いや記憶が変わることもあり、その点をふまえた供述の信用性の検討が必要になります。他方で、書証の特徴としては、記載されている内容が断片的で得られる情報が限定されていることが多く、事案の全体像を把握するには人証のほうが優れているといえます。このように書証と人証とでは、どちらが優れているとは一概にいえません。むしろ、事実認定にあたって重要なのは、これらの特徴をふまえながら、当事者の主張するストーリーと、動かしがたい事実（争いのない事実、当事者双方の供述が一致する事実、成立の真正が認められ信用性が高い書証に記載された事実、不利益事実（不利益な事実を認めるときは真実であるという蓋然性が高いという経験則に基づく）の自認等）との整合性を検討することです（『事例で考える民事事実認定』（法曹会）40〜45頁）。

第4　書　証

1　書証の意義

(1)　書証の特徴

書証は、動かぬ証拠であり、客観的な存在ですので、事実認定において大きな役割を果たします。

実際の事件では、なんらかの書証が存在することに加えて、相反する証言が混在している場合が多く、証言や供述は、証人または本人自身による推理や判断が入っています。このため人証は、主観的なものであり、証拠内容を直ちに証拠資料とすることはできず、その信用性の検討が必要になります。

この信用性の裏付けや判断の多くは文書（書証）の記載内容から得られます。その意味において、書証によって証言の信用性がテストされており、その結果、信用できる証言が得られた場合には、書証と書証の橋渡しができ、事案全体の事実関係が明らかになっていくのです。

　書証は、その文書の意味内容を証拠資料として取得するかたちで行われる**証拠調べ**[1]です。このため、その文書の記載の内容がどれほど証明に役立つか（証拠力、証明力、証拠価値）を判断する前提として、その文書が、挙証者の意思に基づいて作成されたものであるか、または、その思想を表明したものであるか（形式的証拠力）が問題とされるという点が他の証拠調べとは異なる特徴といえます。

(2)　文書の意義

　文書とは、文字その他の記号の組合せによって、人の意思、認識、判断、報告、感想等（これらをあわせて思想といいます）を表現している概観を有する有体物をいいます。

　また、思想記録媒体のうち、紙以外のものであり、図面、写真、録音テープ、ビデオテープ等法廷で再生して裁判官が直接その内容を認識できるものは、**準文書**として書証に準じて取り扱われます（民事訴訟法231条）。

　なお、写真または録音テープ等の証拠調べの申出をするときは、その**証拠説明書**（後掲する書式7－1参照）において、撮影、録音、録画等の対象ならびにその日時および場所をも明らかにしなければならないとされています（民事訴訟規則148条）。また、録音テープ等の証拠調べの申出をした当事者は、裁判所または相手方の求めがあるときは、当該録音テープ等の内容を説明した書面（当該録音テープ等を反訳した書面を含みます）を提出しなければならないとされています（民事訴訟規則149条1項）。

1　そのような「文書」自体もまた「書証」と呼ばれます。

2　文書の証拠能力

　文書はいかなるものも原則として証拠能力を有します。すなわち、訴え提起後に挙証者自身または第三者が作成した文書、作成者の氏名、作成年月日などの記載のない文書、原本の滅失した謄本にも証拠能力はあります。

　また、提訴前に第三者が係争事実について作成した文書だけでなく、提訴後に挙証者自身が作成した文書や、作成者の使命、作成年月日等の記載のない文書も証拠能力はあるとされています。また、違法ないし不当な点がみられる場合であっても、一般には、**証拠力（証明力・証拠価値）**の問題として考慮すれば足りるとされています。

3　文書の証拠力（証明力・証拠価値）

　文書の証拠力とは、文書の記載内容が証明に役立つことをいいます。ある文書に基づき事実を認定する場合には、まず、その文書に特定の人の事実認識や意思など一定の思想内容が表明されているかどうかを確認したうえで、次に、その思想内容が係争事実の認定に役立つかどうかを確認します。すなわち、このような2段階の判断作業がなされますが、その前者を**形式的証拠力**、後者を**実質的証拠力**といいます。実質的証拠力は、通常の意味での証明力のことを指します。

　文書の成立については、認否が行われます。当事者は、争う書証があれば明らかにします（民事訴訟規則145条）。認否が否認であるときは、たとえば、「Xによって偽造されたものである」というような理由を付することになります。文書の成立の真正（民事訴訟法228条1項）の立証は、多くの場合、人証によって行いますが、偽造の主張がなされた場合には、署名や押印について筆跡または印影の対照によって行うのが通常です（民事訴訟法229条1項）。

　形式的証拠力については、挙証者の負担の軽減の観点から、以下のとおり**法定証拠法則**[2]の定めがあります。

　まず、**公文書**については、その方式および趣旨により公務員が職務上作成したと認めるべきときは、真正に成立したものと推定されます（民事訴訟法

228条2項）。

　私文書は、本人またはその代理人の署名または押印があるときは、真正に成立したものと推定されます（民事訴訟法228条4項）。

　署名があるときは民事訴訟法228条がそのまま適用されますが、氏名が印字され、押印だけがあるような場合には、二段の推定の問題となります（図表7-2参照）。ただし、法定証拠法則による推定（民事訴訟法228条2項・4項）も二段の推定の第1段目の推定（事実上の推定）も、一定の反証があれば覆されるものですので、過信は禁物です。

4　文書の種類

　公文書と私文書、処分文書（証書）と報告文書の区別について理解しておく必要があります。

(1)　公文書と私文書

　公文書とは、公務員がその権限内の事項について、正規の方式に従って職務上作成した文書をいい、それ以外の文書を私文書といいます。両者では、前述のとおり成立の真正に関する推定の方法に違いがあります。

(2)　処分文書（証書）と報告文書

　処分文書（証書）とは、それによって証明しようとする法律上の行為がなされた文書をいいます。たとえば、契約書、手形、解除通知書、遺言書等がこれに当たります。処分文書（証書）は**意思表示その他の法律行為が文書によってなされた場合のその文書**と定義することもできます。

　報告文書とは、作成者の経験した事実認識（見聞、意見、判断等）を記載

2　法廷証拠法則とは、自由心証主義の例外として、事実上の推定を法定化したものです。文書の真正の立証が一段目の推定のおかげで容易になっているにすぎません。したがって、二段目の推定を覆すためには、「その私文書は真正に成立した」のではないかもしれないという反証で足りることになります。

図表7－2　私文書における二段の推定

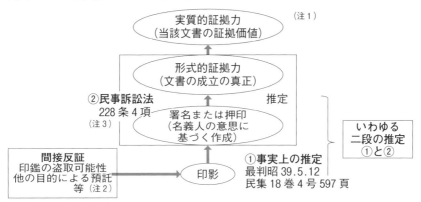

(注1)　文書の成立が認められたとしても、記載内容が真実であることまでも認めるもの
　　　ではありません。したがって、文書の記載内容を争う場合は、他の証拠により当
　　　該文書の証拠価値を減殺する反証活動を行うことになります。
(注2)　**事実上の推定**は、印影が本人の印鑑によって顕出された場合には、反証のない限
　　　り、本人の意思に基づいて顕出されたものと事実上推定されます。この場合、事
　　　実上の推定を働かせないようにする相手方の防御活動は**間接反証**と呼ばれていま
　　　す。たとえば、印鑑が盗まれたという主張や印鑑を他の目的で預けたという主張
　　　がこれに当たります。
(注3)　民事訴訟法228条4項は、本人または代理人が文書にその意思に基づいて署名ま
　　　たは押印をしている場合には、その文書全体が同人の意思に基づいて作成されて
　　　いるのが通常であるという経験則を基礎としています（第2章「民事訴訟手続に
　　　おける主張・立証の基本構造」参照）。この場合の相手方の防御活動（間接反証）
　　　としては、たとえば、白紙が悪用されたという主張や文書の作成後に改ざんされ
　　　たという主張が考えられます。

した文書をいいます。たとえば、領収書、会計帳簿、診断書、日記等がこれ
に当たります。

　処分文書（証書）は、形式的証拠力が認められると、その文書の作成者に
よって法律行為がなされたことが一応認められ、反証をあげて争う余地が少
なくなります。すなわち、処分文書は、紛争発生前に、自分を拘束すること
のある意思表示をしたという、作成者に不利益な事実が記載されていること
が多いため、実質的証拠力が高いといわれています。他方で、報告文書につ
いては、形式的証拠力が認められても、その実質的証拠力はケース・バイ・

ケースです。一般に、公文書や私文書でも、紛争発生前に作成された文書、紛争と利害関係のない人が作成した文書、カルテや伝票など記載行為が慣習化されている文書などは信用性が高いといわれています。

5 書証手続

　書証の手続はその申出によって始まりますが、その提出方法には、3つあります。

① 挙証者が自ら裁判所に文書として提出する方法（民事訴訟法219条）……この場合、挙証者は、文書の写しとともに、文書の標目、作成者および立証趣旨を明らかにした証拠説明書を提出しなければなりません（民事訴訟規則137条、148条）（書式7－1）。

【書式7－1】　証拠説明書

平成13年（ワ）第○○○○号　○○○○請求事件　　　　　　　**直送済**

```
原　告　　○　○　○　○
被　告　　○　○　○　○

                        証拠説明書

                                    平成13年○月○○日

  ○○地方裁判所民事第○部○係　御中

            原告訴訟代理人弁護士　　　○　　○　　○　　○　　印
```

号　証	標　目 （原本・写しの別）		作　成 年月日	作成者	立証趣旨	備考
甲1	事故証明書	原本	12.11.12	○○警察署	被告が、平成12年11月12日午後9時20分ころ○○市××町三丁目5番3号先路上で、自己の運転する乗用	

						車を原告の乗用車に追突させた事実	
甲2	診断書	原本	12.11.13	○○病院○○医師	原告が本件事故により入院10日及び通院約2か月の加療を要する頸椎捻挫の障害を負った事実		
甲3の1	領収書	原本	12.11.13	○○病院	原告が上記傷害の治療費として3万円を支払った事実		
2	同上	同上	12.12.12	同上	原告が上記傷害の治療費として8万2750円を支払った事実		
甲4の1〜5	写 真 　被写体　乗用車（セドリック） 　撮影時期　12.11.13 　撮影者　○○○○（原告の実弟）				本件事故により原告の乗用車（セドリック、練馬58わ○○○○）が損壊した事実及びその状況 各写真の撮影方向は写真添付の図面のとおり		

（出典）　日本弁護士連合会「役立つ書式など」から引用。https://www.nichibenren.or.jp/legal_advice/oyakudachi/format.html

②　相手方または第三者が所持する文書について**文書提出命令の申立て**をする方法（民事訴訟法220条）

③　相手方または第三者が所持する文書について**文書送付嘱託の申立て**をする方法（民事訴訟法226条）

　②の文書提出命令、③の送付嘱託に応じて提出された文書については、あらためて当事者による書証の申出がなくても当然に取調べの対象となるとする見解もありますが、実務上は、当事者が、謄写して必要なものを選別したうえで、**証拠説明書**（書式7-1）とともに提出し直しています。

文書の提出、取調べは、原本、正本、認証謄本によって行われますが、裁判所は、原本を取り調べないと文書の成立の真正や文書の内容を明確に判断できないような場合には、特に原本の提出を命じることもできます（民事訴訟規則143条2項）。また、実務では、原本が存在しない場合には、**写し自体を原本として提出する**ことが行われることがあります（第9章「模擬裁判」参照）。

> ### コラム　証拠説明書の重要性
>
> 　書証の申出をするにあたっては、申出までに証拠説明書（民事訴訟規則137条）を提出しなければなりません。証拠説明書は、裁判官が書証の立証趣旨を把握する重要な手がかりになるもので、主張と証拠をつなぐ重要な役割を担っているにもかかわらず、きわめて簡潔なものしか提出されない場合が少なくありません。すなわち、書証は記載されている情報が断片的で固定的ですが、当事者の主張は一般にはストーリーとして展開されるものです。このストーリーと書証の関連性を示すのに証拠説明書はきわめて有用です。証拠説明書は、自らの提出した書証の内容や立証事項を裁判官にアピールするという重要な意義をもっています。このような意義をふまえ、説得的な証拠説明書を作成するよう心がけましょう。たとえば、書証が大部にわたるときには強調したい場所を具体的に説明するなどの工夫も有益です。

第5　検　証

　検証とは、**裁判官**が、五官の作用によって直接に人体および事物の形状・性質・現象・状況につき検査・観察し、自己の判断能力をもって事実判断を行う証拠調べのことです（民事訴訟法232条、219条）。

　検証の対象となりうるものは、五官の作用により感知しうるものであれば何でもかまいません。

たとえば、視覚によるものとして、建物明渡請求訴訟における建物の朽廃状況、土地境界確定訴訟における土地やその境界付近の状況、聴覚によるものとして、航空夜間飛行停止等請求訴訟における飛行場付近の騒音状況、嗅覚によるものとして、公害による損害賠償訴訟における工場から発する排気ガス、悪臭の状況等があげられます。

　書証、証人尋問、当事者尋問、鑑定が、**裁判官以外**の者がした事実判断を裁判官に伝達するものであるのに対し、検証は、**裁判官**が対象となる事物に接して、**直接事実判断を行う**点で異なります。裁判官の直接の認識による事実判断なので、検証では、他の証拠調べにみられるような、証拠としての信用性や証拠力の有無といった問題は生ずる余地がありません。

　検証は、当事者の申出によって行われます。申出がないのに職権ですることはできません。検証の申出は、目的を表示してしなければならないとされ（民事訴訟規則150条）、また、証拠の申出に関する通則として、証明すべき事実の特定明示が要求されていますので（民事訴訟法180条1項、民事訴訟規則99条）、検証の申出にあたっては、口頭弁論において、①証すべき事実、②検証の目的物、③検証によって明らかにしようとする事項を記載した検証申出書を提出します。

　なお、たとえば、文書について、その記載内容ではなく、文書の成立の真正を判断するためにその署名等を本人の筆跡に間違いのない文書と対照したり、当該文書が作成された年代を特定したりするために紙質等を調べるのは、検証申出がなされていなくても、裁判官の行為の性質上、検証に当たります。

第6　人　証

1　適時提出主義・集中審理主義

　平成8年改正前の旧民事訴訟法では、弁論と証拠調べを厳格に区別せず、

当事者はその攻撃防御方法を口頭弁論終結までは随時に提出できるとする**随時提出主義**をとっていました（旧民事訴訟法137条）。また、従前の実務では、複数の人証を取り調べる場合、証拠調べの期日の間隔が長く、各期日に人証を1人ずつ順次取り調べたり、1人の人証の主尋問と反対尋問を2期日に分けて取り調べたりする方式がみられました。

　しかし、随時提出主義には、訴訟当事者が重要な主張・立証を先送りにする、認証調べの途中で新たな主張が追加されるなどの結果、訴訟が遅延し、かつ散漫になるというデメリットがありました。

　現行民事訴訟法は、的確な争点の整理を前提として、証拠調べを集中的に実施するというモデルを目指しています。すなわち、現行法は、**争点整理**の段階と**集中証拠調べ**の段階を区別し、訴訟当事者は、訴訟の全段階において、かつ、訴訟の進行状況に応じて、適切な時期に攻撃防御方法を提出しなければならないとする**適時提出主義**を定めています（民事訴訟法156条）。

　集中証拠調べ（民事訴訟法182条）のメリットとしては、

① 　証拠調べのための準備の回数が少なくてすみ、重複した人証尋問を避けることができる

② 　対質（たいじち）（民事訴訟規則118条、126条）ができる

③ 　心証形成が比較的容易で、裁判所が新鮮な心証に基づき早期に適正な判断ができる

ことがあげられます。

　「証人及び当事者本人の尋問は」（民事訴訟法182条）と記載されているように、集中証拠調べは、**人証（証人・本人尋問）**を集中して行うことを意味し、事実認定にとってきわめて重要な書証については、訴訟の初期の段階から証拠調べが行われることに留意が必要です。

2　証人尋問

(1)　意　　義

　証人尋問とは、証人、すなわち、自ら過去に体験した事実を裁判所で報告する当事者およびその法定代理人以外の第三者に対する尋問のかたちで行われる証拠調べのことです。

　特別な学識経験をもつために知りえた事実を裁判所で報告する者を**鑑定証人**といいますが、性質としては証人であることから、証人尋問の規定にのっとって尋問されることになります（民事訴訟法217条）。

(2)　証人尋問の手続

　証人尋問の申出は、証人を指定し、かつ、尋問に要する見込みの時間（尋問予定時間）を明らかにして申し出るとともに（民事訴訟規則106条）、証人によって証明すべき事実（民事訴訟法180条1項）およびこれと証人との関係を具体的に明示してしなければなりません（民事訴訟規則99条1項）。

　証人尋問で最も重要なのは、その証人によって証拠申出書のなかで**証明すべき事項（立証の趣旨）**の記載であり、これを具体的かつ正確に記載することが必要です（書式7-2参照）。

　尋問事項書は、できる限り、個別的かつ具体的に記載しなければなりません（民事訴訟規則107条2項）。証人に対しては呼出状が発せられ（民事訴訟規則108条）、不出頭に対しては制裁が科されます（民事訴訟法192条、193条）。

　しかし、実際上は、証人の多くは当事者の一方の関係が深いことが多いため（たとえば、当事者が会社の場合の業務担当者等）、証人尋問を申し出た当事者が同行する場合が多いといえます。

　証人が宣誓を行う時期は、証人の同一性の確認の後、尋問の前が通例です。

【書式7－2】 証拠申出書

平成13年（ワ）第○○○○号　保証債務請求事件
原　告　　甲　山　一　郎
被　告　　乙　川　次　郎

証拠申出書

平成13年○月○○日

　○○地方裁判所民事第○部○係　御中

　　　　　　　原告訴訟代理人弁護士　　　甲　野　太　郎　印

第1　証人尋問の申出
　1　証人の表示
　　　〒○○○－○○○○
　　　東京都××区△△○丁目○番○○号
　　　　　　　　　乙　川　明　子　（呼出し・主尋問20分）
　2　立証の趣旨
　　(1)　被告の乙川明子に対する連帯保証契約締結の代理権授与の事実
　　(2)　被告の追認の事実
　3　尋問事項
　　　別紙尋問事項記載のとおり

第2　本人尋問の申出
　1　原告本人の表示
　　　東京都△△区□□○丁目○○番○号
　　　　　　　　　甲　山　一　郎　（同行・主尋問30分）
　2　立証の趣旨
　　(1)　被告の乙川明子に対する連帯保証契約締結の代理権授与の事実
　　(2)　被告の追認の事実
　　(3)　乙川明子が原告に交付した50万円が不動産売却の謝礼として支払わ
　　　れた事実
　3　尋問事項
　　　別紙尋問事項記載のとおり

以　上

別　紙

尋問事項（証人　乙川明子）

1　原告と乙川明子が知り合った経緯
2　明子が本件借入れを申し込んだのはいつか。
3　原告は、それに対し、どう応答したか。
4　明子は、原告に対し、被告の連帯保証についてどのように話したか。
5　明子は、原告に対し、本件連帯保証につき被告が承諾していると言ったか。
6　その際、明子は、被告の実印と印鑑登録証明書を持参していたか。明子は、被告の実印と印鑑登録証明書をどのようにして入手したか。
7　その際、明子は、被告の勤務先と電話番号を原告に教えたか。
8　その際、原告は、被告に確認のために電話すると言っていなかったか。
9　▽▽司法書士事務所で話合いをした際、被告は、原告に本件連帯保証につきどのような責任を取ると言ったか。
10　その際、被告は、返済方法につきどのように言ったか。
11　明子が50万円を原告に交付した趣旨は、どのようなものであったか。
12　明子は、50万円を原告に交付したことをいつ被告に話したか。
13　▽▽事務所での話合いの際、明子が50万円の交付につき被告に話さなかったとすれば、その理由は何か。
14　その他、これらに関連する一切の事項

以　上

別　紙

尋問事項（原告本人　甲山一郎）

1　原告と明子は、どのようなきっかけで知り合ったか。
2　明子が本件借入れを申し込んだのはいつか。
3　原告は、それに対し、どう応答したか。
4　明子は、原告に対し、被告の連帯保証についてどのように話していたか。
5　明子は、原告に対し、被告からの連帯保証の代理権授与につきどのように言っていたか。
6　その際、明子は、被告の実印と印鑑登録証明書を持参していたか。

7　その際、明子は、被告の勤務先と電話番号を原告に教えたか。
　8　原告は、いつ、どの場所に、どのような確認の電話を被告にしたか。
　9　原告からの電話確認に対し、被告は、どのように答えたか。
　10　▽▽司法書士事務所で話合いをした際、被告は、原告に本件借入れにつきどのような責任を取ると言ったか。
　11　その際、被告は、返済方法につきどのように言っていたか。
　12　原告が明子から50万円を受け取った趣旨は、どのようなものであったか。
　13　その他、これらに関連する一切の事項

以　上

（出典）　日本弁護士連合会「役立つ書式など」から引用。https://www.nichibenren.or.jp/legal_advice/oyakudachi/format.html

(3)　証人尋問の実施

ア　具体的実施方法

　尋問は、尋問の申出をした当事者が**主尋問**を、他の当事者が**反対尋問**を、申出をした当事者が**再主尋問**を行い、裁判官が**補充尋問**を行うのを原則とします。これを交互尋問といいます。再主尋問、補充尋問は行われないこともあります。

　主尋問は、一般に、後述の**陳述書**に沿って行われ、**反対尋問**もだいたい同じくらいの時間をかけて行われます。**再主尋問**は行われないことも多いですが、相手方代理人が行った**反対尋問**の内容をふまえて、どうしても確認しておきたい点や不明確な点を尋ねるために行われることがあります。裁判官が行う**補充尋問**には、裁判官の関心や事件の見方が表れることがあるため、訴訟代理人は、**民事訴訟手続における主張・立証の基本構造**を思い描きながら、裁判官の行う補充尋問については慎重に聴く必要があります。

　当事者はさらに尋問の必要があれば、裁判長の許可を得て尋問を行います（民事訴訟規則113条2項）。実務上は、裁判官の**補充尋問**後に補足的に行われることが多いといえます。

　反対尋問は、敵性証人に正面から攻めても言い訳されるだけですので、周

辺部から淡々と事実を固めたうえで争点に踏み込むことが重要です。陳述書や書証との矛盾点をつくのが有効です。反対尋問の準備、やり方については、模擬裁判を活用して学びましょう（第9章「模擬裁判」参照）。

イ　尋問の基本ルール

　まず、質問は、できる限り**個別的かつ具体的**でなければならないとされています（民事訴訟規則115条1項）。そうでないと、複数の事項を質問すると証人の回答がどの部分についての回答なのかがわからなくなるためです。ただ、極端に質問をぶつ切りにする必要はなく、自然なやりとりであればよいとされています。

　次に、当事者は民事訴訟規則115条2項1号～6号までの質問をしてはならないとされています。ただし、2号～6号までの質問は、正当な理由（証言を弾劾したり、記憶喚起のために誘導尋問をしたりする場合など）がある場合はこの限りでないとされています（同条2項）。

　　1号：証人を侮辱し、または困惑させる質問

　　2号：誘導質問

　　3号：すでにした質問と重複する質問

　　4号：争点に関係のない質問

　　5号：意見の陳述を求める質問

　　6号：証人が直接経験しなかった事実についての陳述を求める質問

　誘導質問（2号）は、問いに答えを含ませるか、またはその方向での誘導をするもので、証人が迎合的な証言をすることから適切ではないとされています。しかし、反対尋問では迎合的な証言がなされるおそれはないことから、誘導質問も一定程度は認められます。意見の陳述を求める質問（5号）は、民事訴訟において問題となる事実には評価的な要素が相当程度含まれるため、ある程度はやむをえないといわれています。伝聞証言（6号）は、これについての反対尋問ができないこと、類型的に証明力が低いことから、適切でないとされていますが、判例は、伝聞証言の証拠能力も認め、裁判官の自由心証による判断に委ねるとしています（最判昭27.12.5民集6巻11号1117

頁）。

　裁判長は、質問がこれらの制限に違反したと認めるときは、申立てにより
または職権で、これを制限することができます（民事訴訟規則115条3項）。

ウ　異　議

　異議という場合、次の2つに区別されます。

㋐　裁判長の裁判に対する異議

　当事者は、以下の裁判長の裁判に対し、異議を述べることができます（民
事訴訟規則117条1項）。

① 　尋問順序（民事訴訟規則113条2項・3項）に対する異議……再々主尋問
　　以降の尋問に関する裁判長の許可に対するもの

② 　質問の制限（民事訴訟規則114条2項、115条3項）に対する異議……主尋
　　問に現れた事項およびこれに関連する事項ならびに証言の信用性に関連す
　　る事項に関する反対尋問、反対尋問に現れた事項およびこれに関連する事
　　項以外の事項に関する再反対尋問、後記㋑の質問を制限する裁判長の訴訟
　　指揮に対するもの

③ 　文書等の質問への利用（民事訴訟規則116条1項）に対する異議……文書、
　　図面、写真等の物件を利用して証人に質問することに関する裁判長の許可
　　に対するもの

㋑　裁判長の職権発動を促す異議

　相手方の尋問がルールに反している場合、相手方の尋問方法に抗議し、裁
判長の職権発動を促すもので、法廷ドラマなどで「異議あり」といって席を
立ち上がるのはこちらの異議です。異議と区別して「抗議」と呼称する見解
もあります。

　この異議の例としては、**質問が抽象的だ**、**意見を求めるものだ**、**誘導尋問
だ**、**証人を侮辱するものだ**、**個人のプライバシーに関するものだ**、**本件との
関連性がない質問だ**、**重複質問だ**、**証人の知らないことだ**、**時期・主体が特
定されていない仮定の質問だ**、**証人が認めていないことを前提とする質問
だ**、**質問が長過ぎる**、**質問が複数になっていて答えにくい**等々多種多様です

（民事訴訟規則115条）。

　実務上は、自ら申請した証人に対する反対尋問の流れを制するために異議を出す場合もあります。

3　当事者尋問

　当事者尋問とは、当事者およびその法定代理人に対する尋問のかたちで行われる証拠調べのことをいいます。

　当事者尋問には、証人尋問に関する規定が準用されます（民事訴訟法210条、民事訴訟規則127条）が、当事者による申立てのほか、裁判所が職権で尋問することもできます（民事訴訟法207条1項前段）。

　当事者は、訴訟の主体として訴訟の結果に直接的な利害をもつため、その供述の信用性は一般的に高くなく、また、当事者に供述を強いるのも酷な面があることから[3]、当事者尋問、証人尋問を実施した後に行うのが原則とされています（当事者尋問の補充性。民事訴訟法207条2項本文）。

　ただし、実務上は、当事者本人のほうが事実関係をよく知っている場合も少なくなく、一概にその供述が信用性に乏しいともいえないため、裁判所が適当と認めるときは、当事者の意見を聴いたうえ、当事者尋問から始めることもできます（民事訴訟法207条2項ただし書）。

コラム　対質（たいしつ）

1　対質の意義

　裁判長は、その裁量で証人と他の証人との「対質」を命ずることができます（民事訴訟規則118条1項）。複数の証人の証言が食い違うか、その可能性がある場合に、同一内容の質問をして他の証人の証言内容を聞かせ、その証言の真否を問い、あるいは認識の違う理由等について尋問するのが対質（尋問）です。

3　宣誓は裁判所の裁量に委ねられていますが（民事訴訟法207条1項後段）、実務上は、ほぼ例外なく宣誓をしています。

具体例としては、密室で2人だけが関与した交渉内容などが証明対象であり、両者の証言が食い違うような場合があげられます。

2　対質の時期等

対質は、法の定める順序に従って通常の尋問を行った後に実施されるのが通常であり、質問者が複数の証人を面前に並べて尋問するという対質を円滑に実施するためには、まず中立的な立場にある裁判長から尋問するのが適切な場合が多いと思われます。したがって、対質では、裁判長がまず尋問することができることとされています（民事訴訟規則118条3項）。対質を命ずるかどうかは、裁判長の裁量に任されており、当事者は職権発動を促すことができるにとどまります。

なお、当事者尋問についても、同様に、裁判長が必要であると認めるときは、当事者本人と、他の当事者本人または証人との対質を命ずることができます（民事訴訟規則126条）。

4　陳述書の利用

(1)　陳述書の意義

当事者訴訟代理人が接触可能な者の**集中証拠調べ**を効率よく実施するには、当事者本人を含む関係者による当該事案に対する知識や認識を要領よくまとめて記載した陳述書[4]の活用が重要です。

すなわち、陳述書には、主尋問の内容を尋問前に明らかにして裁判官の理解を助けるとともに、相手方の攻撃防御のための準備にも役立つという機能（証拠開示機能）があります。実務上、人証採用後に、尋問の一定期間前に提出されます[5]。

陳述書の活用により、人証の採否、尋問のポイント、尋問時間等の把握がしやすくなり、計画的な証拠調べを実施でき、周辺事実の尋問は省略して紛

4　陳述書は、一般に「書証」と考えられています。
5　実務上は、争点整理で人証を協議し、弁論期日までに当該人証の陳述書と証拠申出書を提出させ、弁論期日において人証を正式に採用する場合が多いと思われます。

争の核心のみに尋問を集中させることができます。

　陳述書は、**人証**という証拠調べの性質に反することになるため、これをも
って主尋問にかえることは適切ではありません。しかし、陳述書には、人証
調べにおける口頭主義・直接主義の形骸化の危険性があることは否定できま
せん。主尋問が減れば、証人や本人の気持ちの動揺を感じ取る機会や、反対
尋問の機会が減ってしまうという弊害も指摘されるところです。裁判官の心
証は、証人・本人の姿勢、口頭の証言・供述の姿勢、証言・供述内容等によ
って立体的に形成されていくものですので、訴訟代理人は、たとえ陳述書に
書いてある事項であっても、重要な点は状況が浮かぶように尋問するなどの
工夫が求められます。この点も模擬裁判で学んでください。

　なお、陳述書の分量については、通常の事案では5～10枚程度、複雑な事
案であっても20枚程度とされています（東京地方裁判所プラクティス委員会第
二小委員会「効果的で無駄のない尋問とは何か」判例タイムズ1340号54頁（2011
年）、瀬木比呂志『民事訴訟実務と制度の焦点―実務家、研究者、法科大学院生と
市民のために』（判例タイムズ社）257頁）。準備書面と同様、あまり長過ぎる
のは禁物です。

(2)　陳述書の内容について

　陳述書には供述する者が体験した生の社会的事実を時系列に沿って記載す
るのが基本であり、供述する者が体験した事実である限り、**主要事実**だけで
なく**間接事実**および**補助事実**も記載の対象となります。

　一般には、
① 　供述者の身上・経歴等の属性に関する事項
② 　供述者と本件紛争とのかかわり合い（特に証人の場合）
③ 　本件紛争の背景事情または紛争に至る経緯
④ 　争点を中心とした本件紛争に関する事実関係
⑤ 　紛争後の訴訟に至った状況等
が、時系列に沿って記載します。

特に、陳述書の事案解明機能および反対尋問準備機能を十分に発揮させるためには、供述者の認識している争点に関する事実について、具体的なイメージをもてるように、日時、場所、状況等を具体的かつ詳細に記載することが有用です（東京地方裁判所プラクティス委員会第二小委員会「効果的で無駄のない尋問とは何か」判例タイムズ1340号53頁（2011年））。

第7 鑑 定

1 意 義

鑑定は、特別の学識経験を有する第三者に、その専門知識またはその知識を適用して得た判断を報告させて、裁判官の判断能力の補助とするための証拠調べのことです。鑑定人には、事実を報告する証人とは異なり、代替性があります。

鑑定の対象となるのは多くが科学的な事項であり、医学鑑定（死亡原因や救命可能性）、工学鑑定（交通事故の衝撃度）・建築工学鑑定（建物損壊原因・建物の瑕疵）、物や権利の価格鑑定（不動産明渡請求訴訟における立退料の鑑定、賃料増減額請求訴訟における適正賃料の鑑定、非公開会社の株価の鑑定）、筆跡や押印の真否などがあります。

なお、裁判官が審理判断等にあたって専門的知見を要する場合には、**専門委員**[6]に訴訟手続への関与を求め、当該委員から説明を聴く方法（民事訴訟法92条の2以下）もあります。

6　専門委員は、公正・中立な立場で、裁判所のアドバイザーとして訴訟に関与し、専門的な知識や経験に基づく説明等をして、裁判官の知識や経験を補う者をいいます。たとえば、医療過誤訴訟では、カルテ、医学文献等の専門的な証拠について内容をわかりやすく説明してもらうことにより、裁判官は事案をより正確に理解することができ、適正かつ迅速な審理および判断を行うことができるようになります。専門委員は特許訴訟等でもよく利用されています。

鑑定と検証

　鑑定は、証明の対象である事実の存否について、他人の認識ないし意識内容をその伝達手段たる言語その他の表現手段を媒介として伝えてもらうという方法をとる裁判官の事実判断（間接的な判断）であるのに対し、検証は、裁判官の五官による認識である点で直接の認識による事実判断が得られます。鑑定では、証拠としての信用性や証明力の有無が問題になるのに対し、検証では、他の証拠調べにみられるような、証拠としての信用性、証明力の有無といった問題は生ずる余地はありません。

2　鑑定の手続

　鑑定の申出は、原則として、当事者の申出により、裁判所の採否の決定を経て行われます。職権で鑑定を命ずることができるのは、明文の定めのある検証のときの鑑定（民事訴訟法233条）と鑑定の嘱託（民事訴訟法218条）の場合のみです。

　鑑定申出は、鑑定事項を記載した書面を同時に提出して行います。鑑定事項は、裁判所が、これら書面に基づいて、相手方の意見があるときはそれをも考慮して定めます（民事訴訟規則129条）。裁判所は、必要があれば当事者および鑑定人と協議をすることができます。

　鑑定事項や鑑定の前提事実をめぐっては、争点整理における争点の確認と同様、原告・被告間でやりとりがなされます。鑑定の前提事実をどのように定めるか、鑑定事項をどう定め、質問の仕方をどうするか等によって、鑑定意見に影響を与える可能性もありますので、訴訟代理人としては、これらの点について、相手方当事者や裁判所と安易に妥協してはいけません。

　鑑定事項が確定し、鑑定申出が採用されると、鑑定人からの宣誓書の提出（民事訴訟規則131条2項）がされます。これは書面宣誓といわれるもので、宣誓のために出頭する手間を省くものです。鑑定意見の提出方法は、書面または口頭によると規定されていますが（民事訴訟法215条1項）、ほとんどの場合は書面（鑑定書）が提出されます。

裁判所は、鑑定意見の内容を明瞭にし、またはその根拠を確認するため、必要があれば、申立てによりまたは職権で、鑑定人にさらに意見を述べさせることできます（民事訴訟法215条２項、民事訴訟規則132条の２）。

　鑑定人に意見を述べさせるときには（鑑定人質問）、証人尋問とは異なり、専門家が学識経験に基づいて意見を陳述することによって、裁判所の判断に必要な専門的知見を補充するという鑑定手続の性質に適合するように、また、鑑定人に対して必要以上に敵対的な質問がなされないように、まずは、鑑定人から鑑定事項についての意見を聴くものとし、次いで、その後質問をするときには、原則として、裁判長、鑑定申出当事者、相手方当事者の順で鑑定人に対し質問をすることとしています（民事訴訟法215条の２第１項ないし３項）。

　質問の態様としては、「できる限り、具体的」であることは要しますが、証人尋問とは異なり、一問一答である必要はないとされています（民事訴訟規則132条の４第２項）。これは、鑑定の性格から、ある程度まとまった内容について質問がなされることが適切であるという考えによるものです。

　鑑定意見の報告は、通常、鑑定理由と結論（鑑定主文）を包含しますが、鑑定意見となるのは結論部分のみとされています。

コラム　不利な鑑定意見が出てしまったら

　裁判所は、鑑定意見に当然に従うわけではなく、鑑定意見の信用性を吟味したうえで鑑定意見の採否を決めます。そこで、訴訟代理人としては、不利な鑑定意見が出てしまった場合には、鑑定意見の信用性を争うことになります。

　鑑定主文が自己に不利な場合でも、鑑定理由を、たとえば専門家の助力を得る等して慎重に検討し、鑑定の事実判断の誤り、鑑定主文と理由の食い違い、鑑定理由中の判断過程の矛盾等の発見に努めるべきです。

　不利な鑑定意見に対する対策としては、以下のような方法が考えられます。

①　鑑定意見の不当性を指摘して、裁判所はそれを採用すべきでないと主張

② 鑑定人質問を求めて鑑定の証明力の減殺に努める。
③ 再度の鑑定の申出をする。
④ 鑑定意見と相反する論文や私的鑑定書等を書証として提出する。

3　鑑定の嘱託

　裁判所は、必要があると認めるときは、鑑定を行うのではなく、専門的知見を獲得するため、内外の官公署または相当の設備のある法人[7]に鑑定を依頼することもできます（民事訴訟法218条1項）。

　鑑定の嘱託は、鑑定事項を明らかにした嘱託書を送付する方法で行います。官公署等の代表者を呼び出すことはしません。

　嘱託を受けた官公署等は、その内部の担当者（自然人）が鑑定意見を決定したうえ、担当者名（自然人名）ではなく、官公署等の名において鑑定書を提出します。提出される書面の性格は、調査報告書ではなく、鑑定書となります。

　鑑定に関する規定は、宣誓の手続を除いて、鑑定の嘱託に準用されています（民事訴訟法218条1項、民事訴訟規則136条）。また、鑑定受託機関から鑑定書の提出を受けた裁判所は、必要があると認めるときは、その受託機関が指定した者に鑑定書の説明をさせることができます（民事訴訟法218条2項）。

　なお、当事者が鑑定嘱託の申立てをする場合もありますが、この場合、鑑定の申出に準じて、鑑定を求める事項を記載した書面を提出しなければなりません（民事訴訟規則136条、129条）。

7　法人格のない団体または研究所も含まれるものと解されています。

第 **8** 章

立 証 活 動

第1 総 論

　弁論主義のもとでは、当事者の代理人である弁護士は自ら証拠を収集する必要があります。その場合、事案を的確に把握し、適切な主張を組み立て、その主張を裏付ける良質な証拠を迅速かつなるべく多くの費用をかけずに収集することがポイントとなります。迅速かつ低コストという観点から、証拠収集の優先順位は、

となります。以下この順に沿って説明します。

第2 任意の証拠収集活動

1 依頼者からの証拠収集

　証拠収集の第一歩は、依頼者から関係資料を受け取ることです。依頼者のなかには、自分に不利な資料を弁護士にもみせたくないという気持ちから、自分の判断で資料を選別して持参する人がいます。その気持ちはやむをえない面もありますが、弁護士としては、依頼者に立証に必要であることをきちんと説明して、なるべく多くの資料を持参してもらうように心がけましょう。

2　第三者からの証拠収集

　第二に、弁護士は第三者から証拠を収集することが必要となる場合があります。第三者からの証拠収集には以下のようなものがあります。

⑴　公開情報を入手する（インターネットの活用）

①　各種試験研究機関のウェブサイト

②　政府刊行物

③　製品評価技術基盤機構（NITE）（製品事故情報）

④　日本医療機能評価機構（JQ）（医療事故情報）

⑤　国民生活センター（商品テスト情報）等

⑵　官公庁等から入手する

①　不動産関係（法務局から取得。土地や建物の登記事項証明書、閉鎖登記簿謄本、登記申請書（添付書類を含む）、地図や公図等）

②　法人関係（法務局から取得。登記事項証明書や各種法人登記簿謄本等）

③　身分関係等の文書（市町村役場から取得。戸籍謄本、除籍謄本、住民票等）

④　情報公開制度の活用

　（ⅰ）　行政機関の保有する情報の公開に関する法律……国の行政機関、独立行政法人が保有する文書の開示

　（ⅱ）　情報公開「条例」……地方公共団体が有する文書の開示

⑤　**弁護士会照会制度（弁護士法23条の2に基づく照会）**（後述）等

　なお、上記③は、弁護士が代理人として裁判手続などを行う準備のために第三者の戸籍謄本や住民票の写しの交付を求める場合には、「職務上の請求」として一般の場合と異なる要件のもとに認められています（戸籍法10条の2第1項、住民基本台帳法12条の3第1項）。近時個人情報やプライバシーの保護の意識の高まりをふまえ、職務上の請求を行う際には要件充足性について慎重に検討する必要があります。

3 弁護士自らの証拠収集活動

第三に、弁護士は、自ら証拠を集めることが必要となる場合があります。

事件の現場における写真撮影、専門家からの鑑定意見の聴取、証人や利害関係者からの聴取などがあげられます。現地を確認してはじめて把握しうる事項は少なくありません。たとえば、不動産関係の紛争では、占有関係、登記簿と実際の面積の差異、登記にはない地上建物、嫌悪施設による悪臭・振動など、交通事故事案における現場の見通しの状況などは、労をいとわずに現場に足を運んで確認しましょう。

コラム　主張と立証の関係

　実際の事件では、法律相談を受けた当初の法律構成・主張は、あくまで一つの仮説にすぎません。証拠を収集するとともに、証拠の内容を吟味し、主張を再検討して、主張を追加・変更することを検討しなければなりません。主張と立証は、下記のように相互補完的で循環的な関係に立つものです。

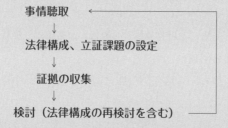

事情聴取
↓
法律構成、立証課題の設定
↓
証拠の収集
↓
検討（法律構成の再検討を含む）

　もっとも、現行の民事訴訟法では、争点整理手続が整備されるとともに集中証拠調べ方式が採用され、証拠提出についても適時提出主義が採用されています。したがって、良質な証拠を迅速かつ適切に収集することが求められます。

第3　具体的証拠収集方法

1　弁護士法上の照会

　弁護士法23条の2に基づく照会（以下「23条照会」といいます）は、弁護士が、具体的事件について、弁護士会を通じて、特定の公務所または公私の団体に対して必要な事項の報告を求める照会を発すべきことを請求（照会請求）する制度であり、弁護士が証拠収集を行うに際して非常に重要な手段です。

　[参考]

【弁護士法23条の2】

　1　弁護士は、受任している事件について、所属弁護士会に対し、公
　　務所又は公私の団体に照会して必要な事項の報告を求めることを申
　　し出ることができる。申出があつた場合において、当該弁護士会
　　は、その申出が適当でないと認めるときは、これを拒絶することが
　　できる。
　2　弁護士会は、前項の規定による申出に基き、公務所又は公私の団
　　体に照会して必要な事項の報告を求めることができる。

　照会先は、市区町村、都道府県、中央官庁、銀行、保険会社、病院、学校、デパート、公社・公益法人など、さまざまな団体が考えられます。

　制度上、報告だけでなく、関係書類の送付を求めることもでき、捜査記録（実況見分調書）、カルテ・診断書等の送付を求めることがしばしばあります。関係資料を送付してもらいたい場合には、照会事項（質問事項）の末尾に「○○等の関係書類を送ってください」と記載します。このように関係書類の送付を求めることができる点が23条照会の大きなメリットです。

　23条照会の申出は、弁護士が具体的な事件を受任したことを前提要件としますが、受任の事実があれば、民事保全申立て・訴訟等の法的手続をとって

いる必要はありません。

　照会を受けた団体等は、正当な事由、すなわち弁護士がその報告によって得られる正当な利益（真実解明、権利の実現など）に優る他の法的侵害のおそれがない限り、これに応じる一般公法上の義務を負うと解されています。したがって、一般的な職務執行上支障があるというだけでは正当な事由があるとはいえません。

コラム　　報告義務の存否

　弁護士法23条の２は「報告を求めることができる」との文言で規定されており、本条に基づく照会を受けた者には法律上の回答「義務」が課されているのかどうか、文言上は、明らかではありません。しかし、報告義務を負うと解するのが通説です。しかし、これを正面から肯定する最高裁判例は見当たりませんでした。そうしたなか、最高裁判決（最判平28.10.18民集70巻７号1725頁）は、傍論ではありますが、「23条照会を受けた公務所又は公私の団体は、正当な理由がない限り、照会された事項について報告をすべきもの」と判示し、報告義務を肯定しました。

2　訴え提起前の証拠収集処分

　充実かつ迅速な審理を行うためには、裁判所が早期に事案を把握することが必要であり、そのためには当事者が主体的に訴訟資料を収集して提出することが要請されます（民事訴訟手続における主張・立証の基本構造）。その前提として、当事者があらかじめ必要な情報や証拠を入手しておくのが適切な場合があり、それが、訴え提起前の証拠収集処分の制度です。

　訴え提起前における証拠収集処分は、訴え提起後に可能な証拠収集方法の相当部分を訴え提起前についてもできるようにした制度です（民事訴訟法132条の２～132条の９）。訴え提起前の証拠収集の方法としては後記３の証拠保全がありますが、証拠保全は要件が厳格で必ずしも利用しやすくないことから、平成15年の民事訴訟法改正により、訴え提起前であっても、被告となる

べき者に対して照会をなし（民事訴訟法132条の2、132条の3）、また、証拠収集の処分を申し立てることができる（民事訴訟法132の4）制度が導入されたものです。

対象事項は、当事者照会と、文書送付嘱託、官公署等への調査の嘱託、専門的知識経験を有する者に対する意見陳述の嘱託（鑑定嘱託（民事訴訟法218条）に相当します）、執行官による現況調査収集処分であり、文書提出命令は含まれていません（民事訴訟法132条の4）。

申立ての要件は訴え提起後の場合よりも厳格になっており、まず、訴えを提起しようとする者が、被告となるべき者に対し、書面によって、訴え提起の予告通知をすることが必要です。予告通知の書面には、提起しようとする訴えの請求の趣旨および紛争の要点を記載しなければなりません（民事訴訟法132条の2第3項）。また、できる限り訴えの予定時期を明らかにしなければなりません（民事訴訟規則52条の2第3項）。

提訴予告通知者は、その予告通知を受けた者に対し、予告通知をした日から4カ月以内に限り、訴えを提起した場合の主張または立証を準備するために必要であることが明らかな事項について、相当の期間を定めて、書面で回答するよう書面で照会することができます（民事訴訟法132条の2）。

他方で、予告通知を受けた者も、予告通知に対して、答弁の要旨を記載した書面で返答したときは、予告通知者に対し、同様に書面で照会することができます（民事訴訟法132条の3）。

当事者照会の対象事項は、主張・立証準備のために必要であることが明らかな事項です（民事訴訟法132条の2第1項、132条の3第1項）。

照会できない事項として、訴訟係属中の当事者照会についての制限（民事訴訟法132条の2第1項1号、163条[1]）があり、このほか、私生活についての秘密および営業秘密について制限があります（民事訴訟法132条の2第1項2号・3号）。

裁判所は、訴え提起前においても、予告通知者または予告通知を受けた者の申立てにより、予告通知に係る訴えが提起された場合の立証に必要である

ことが明らかな証拠となるべきものについて、申立人がこれを自ら収集することが困難であると認められるときは、その申立ての相手方の意見を聴いて、訴えの提起前に証拠収集の処分をすることができます（民事訴訟法132条の4第1項）。

　証拠収集の処分は以下のとおりです。

① 文書送付嘱託（1号）……裁判所を通じて文書所持者に対して送付を依頼する申立て（民事訴訟法226条）。たとえば交通事故事案における実況見分調書や医療過誤事案におけるカルテ（相手方、当事者以外の病院）等があげられます。

② 調査嘱託（2号）……受訴裁判所が官公署、外国の官公署、学校、商工会議所、取引所、会社、研究所など公私の団体を利用して争いのある事実の真否の判断に必要な事実の調査報告を徴し、その結果を証拠資料とする手続（民事訴訟法186条）。たとえば、金融機関に対する預金残高や口座の取引履歴、気象台に対する特定の日時や場所の気象情報、取引所における商品の売買当時の相場等があげられます。

③ 専門的な知識経験を有する者の意見陳述の嘱託（3号）……専門的な知識経験を有する者にその専門的な知識経験に基づく意見の陳述を嘱託する手続。たとえば、建築紛争における施工状況や補修に必要な費用について建築士に意見を求める場合、境界確定訴訟において境界について土地家屋調査士に意見を求める場合、文書の真正が争われている事案で筆跡につい

1　第163条　当事者は、訴訟の係属中、相手方に対し、主張又は立証を準備するために必要な事項について、相当の期間を定めて、書面で回答するよう、書面で照会をすることができる。ただし、その照会が次の各号のいずれかに該当するときは、この限りでない。
　　一　具体的又は個別的でない照会
　　二　相手方を侮辱し、又は困惑させる照会
　　三　既にした照会と重複する照会
　　四　意見を求める照会
　　五　相手方が回答するために不相当な費用又は時間を要する照会
　　六　第196条又は第197条の規定により証言を拒絶することができる事項と同様の事項についての照会

ての意見を求める場合等があげられます。

④　執行官による現況調査（4号）……執行官に対し、物の形状、占有関係その他の現況について調査を命ずる手続

これらの処分の申立ては、予告通知がされた日から4カ月の不変期間内にしなければなりません（民事訴訟法132条の4第2項）。収集された資料は、訴え提起後にあらためて、各証拠収集方法に応じて、訴訟への上程の手続をとる必要があります。

この制度は、要件が厳しいことや事前に相手方に訴訟の内容を伝えてしまうことになることから、現状ではあまり利用されていませんが、事案によっては利用が有効な場合もあるのではないかと思われます。

3　証拠保全

民事訴訟において、必要な証拠方法について、本来の時期まで取調べを待っていたのでは、取り調べることが不能または困難となる場合に、あらかじめ証拠調べを行ってその結果を保全しておくための手続です（民事訴訟法234条）。

具体的には、証人について病気等で死亡のおそれがある場合、書証（たとえばカルテなど）について廃棄、改ざん、変質等のおそれがある場合、検証物（たとえば製品事故が起こった場合の当該製品など）について廃棄や現状変更のおそれがある場合等に行われます。

証拠保全の事由は疎明される必要があります（民事訴訟規則153条3項）。ただし、改ざんのように証拠を支配する者の主観的事情により生じる事項については、改ざんが容易で他の事例等の経験からその蓋然性が相当程度存在すれば足りるという程度の比較的緩やかな解釈でも足りるといわれています。

民事訴訟法234条に「この章の規定に従い」と規定されているとおり、**証拠方法**に制限はなく、証人尋問、鑑定、書証、検証、当事者尋問等すべての種類の証拠方法について認められます。

実務では検証による場合が多く（たとえばカルテなど）、検証の方法としては、写真撮影、コピー等の方法がとられます。

証拠保全は原則として、申立人と相手方の呼出しを要しますが、緊急性を要する証拠保全手続の特質から、急速を要する場合にはこれは要しないとされています（民事訴訟法240条）。実務上は、申立人・執行官・裁判所との間で日時を打ち合わせ、執行官送達の直後又はその送達と同時に証拠保全に着手する例が多いといわれています（『民事訴訟法講義案（三訂版）』（司法協会）227頁）

近年は、改ざんや廃棄のおそれ等を理由として、企業の帳簿や取引記録、これらに係る電磁的記録を対象とする証拠保全の申立ても増えています。

証拠保全の本来的な機能は本項の冒頭に述べたとおりですが、賛否はあるものの、実務では、実質的には、訴え提起前における証拠開示を企図して証拠保全手続が行われることがあります。

証拠保全の申立ては、本訴提起前は、尋問を受ける者もしくは文書を所持する者の居所または検証物の所在地を管轄する地方裁判所または簡易裁判所（民事訴訟法235条2項）となりますが、訴訟係属中は、証拠を使用すべき審級の裁判所（受訴裁判所を構成する裁判官所属の裁判所）となります（同条1項）。急迫の事情がある場合には、訴えの提起後であっても、上述の尋問を受ける者もしくは文書を所持する者の居所または検証物の所在地を管轄する本訴提起前の裁判所に申し立てることができます（同条3項）。

証拠保全の決定は、その証拠を取り調べる旨の証拠決定を兼ねます。文書については、上述のとおり検証が行われることが多いですが（たとえば、カルテについての写真撮影）、記載の内容自体を証拠資料にする必要があれば書証として取調べをすることになります。

4 提訴後の証拠収集

書証の申出には、

① 文書の提出

による方法のほかにも、

② 文書提出命令の申立てによる方法（民事訴訟法219条、221条、民事訴訟規則140条）

③ 文書送付嘱託の申立てによる方法（民事訴訟法226条）

があると説明しました。

　以下では、②と③について説明します。これらは**証拠調べの準備行為**です。

(1)　文書提出命令

　文書提出命令は、米国のようなディスカバリーの制度[2]がなく、当事者の証拠収集手段が限られている日本の民事訴訟手続においては、唯一強制力を伴った証拠収集活動といえます。しかし、通常の民事事件において、文書提出命令が申し立てられ、裁判所が文書提出命令を発することはさほど多くはありません。これは、裁判所や相手方訴訟代理人から、文書の提出を促された訴訟代理人が、これに応じて、任意に提出することが比較的多いこと、第三者の保有する文書についても、文書送付嘱託の申立てや当事者双方の協力によって、文書を入手できることが多いこと、裁判所が開示について消極的なこと等がその理由といわれています。

　そこで、他の収集方法で文書を取得できないかを検討し、取得できない場合には、文書提出命令の要件を確認したうえで、慎重に申立てをすることが必要になります。

㋐　文書提出命令の対象文書

　文書提出命令の申立ては、その前提として、まず、申立ての相手方が、民事訴訟法220条に規定されている文書提出義務を有するかについて検討する

2　原告と被告がお互いに、相手側にとって不利になる情報等も含め、あらゆる証拠の開示を求めることができる制度で、米国の民事訴訟で採用されています。開示義務を怠った場合にはこれを遵守しないと制裁を受けることもあり、敗訴リスクが高くなる場合もあることや、コストが高くなることから、和解を促進する効果があるといわれています。

必要があります。

　民事訴訟法220条が規定する文書は以下のとおりです。

・引用文書（1号）……当事者が訴訟で引用した文書を自ら所持するとき

・引渡請求権または閲覧請求権のある文書（2号）……挙証者が文書の所持
　者にその引渡しまたは閲覧を求めることができるとき

・利益文書（3号前段）……文書が挙証者のために作成されたとき
　法律関係文書（3号後段）……文書が挙証者と文書の所持者との間の法律
　関係について作成されたとき

・一般義務（ただし、除外事由あり）……4号は、文書提出を国民一般の義
　務、すなわち、証言義務と同一の性格に位置づけられました。

　1号〜3号は、当事者と文書との間に特殊な関係がある場合に個別的な義
務としての提出義務を認める規定であり、4号はそのような特別の関係等を
問題にせず、むしろ文書一般について提出義務を認めたうえで、一定の場合
（4号イ〜ホに掲げる除外事由がある場合）にその義務を解除することとした規
定です。

　3号の文書は「法律関係文書」といわれており、訴訟以前に挙証者と所持
者との間に存在した実体的な法律関係自体ないしそれに関連する事項を記載
した文書であって、所持者がもっぱら自己使用目的で作成した内部文書（自
己使用文書）を含まないとする見解と、法律関係の形成過程を表示した文書
または法律関係の生成過程において作成された文書（医療関係訴訟における
カルテ、航空機事故訴訟における事故調査報告書等）も含むとする見解があり
ます。

　4号については、以下のとおり除外される文書が列挙されています。

　イ　刑事訴追を受けるおそれがある事実等が記載されている文書
　ロ　公務員の職務上の秘密に関する文書で、その提出により公共の利
　　　益を害し、または公務の遂行に著しい支障を生ずるおそれのあるも
　　　の

> ハ　医師・弁護士等が職務上知り得た事実で黙秘すべきものが記載されている文書、または技術・職業の秘密に関する事項が記載されている文書
> ニ　もっぱら文書の所持者の利用に供するための文書
> ホ　刑事事件に係る訴訟または少年保護事件に関する書類等

　ここで留意すべきは、4号を理由とする申立ては、**必要性がある場合に限って認められる**ことです（民事訴訟法221条2項）。文書提出命令は、裁判所の命令によって強制的に証拠の提出を命ずるものであることから、挙証者自身が自ら証拠を収集して提出することができる場合にまで、その努力をせずに文書提出命令に頼ることは、文書の所持者との間で著しく公平を欠くとの配慮に基づくものといわれています。

　したがって、登記事項の全部証明書のように法令に基づいて文書の入手が可能な場合、一般に利用可能な施設で謄写することができる場合、公刊されている書籍のように一般に容易に入手できる場合には、文書提出命令による必要性は認められません。

　また、文書送付嘱託等の他の手段によって書証の申出が可能になる場合には、あえて文書提出命令の申立てを認める必要はないといわれています。

　(イ)　**自己利用文書**について

　自己利用文書（民事訴訟法220条4号ニ）とは、**もっぱら文書の所持者の利用に供するための文書**であり、典型的には日記や備忘録等ですが、実務上問題となることが多い銀行の稟議書ですので、この点について自己利用文書性の判断基準を示した判例をご紹介します。

　判例（最決平11.11.12民集53巻8号1787頁〔民事訴訟法判例百選69事件〔上野泰男〕〕）は、自己利用文書の要件について次のとおり判示し、銀行の貸出稟議書が自己利用文書であると認めました。

① 作成目的、記載内容、これを現在の所持者が所持するに至るまでの経緯、その他の事情から判断して、もっぱら内部の者の利用に供する目的で

作成され、外部の者に開示することが予定されていない文書であって（内部文書性＝内部利用目的・外部非開示性）、

②　開示されると個人のプライバシーが侵害されたり個人ないし団体の自由な意思形成が阻害されるなど、開示によって所持者の側に看過しがたい不利益が生ずるおそれがあると認められる場合（開示による不利益＝看過しがたい不利益の存在）には、特段の事情がない限り（特段の事情の不存在）、当該文書は旧民事訴訟法220条4号ハ（民事訴訟法220条4号ニに相当します。以下も同様です。）所定の「専ら文書の所持者の利用に供するための文書」に当たる。

③　貸出稟議書（銀行において支店長等の決裁限度を超える規模、内容の融資条件について本部の決裁を求めるために作成され、融資の内容に加えて、銀行にとっての収益の見込み、融資の相手方の信用状況、融資の相手方に対する評価、融資についての担当者の意見、審査を行った決裁権者が表明した意見などが記載される文書）は、特段の事情がない限り、旧民事訴訟法220条4号ハ所定の「専ら文書の所持者の利用に供するための文書」に当たる。

その後の実務では、基本的に、この判断基準に依拠して判断されています。ただし、実質的には、多少の座標軸の移動ないし揺らぎが生じているとする見解もあります。

㈡　文書提出命令に従わない場合の効果

当事者が文書提出命令に従わないときは、裁判所は、当該文書に関する相手方の主張を真実と認めることができます（民事訴訟法224条1項）。当事者が相手方の使用を妨げる目的で提出義務のある文書を滅失させ、その他これを使用することができないようにした場合も同様です（同条2項）。

さらに、民事訴訟法224条3項は、上述の場合において、相手方当該文書の記載に関して具体的な主張をすることおよび当該文書により証明すべき事実を他の証拠により証明することが著しく困難であるときは、相手方はその事実に関する主張を真実と認めることができると規定しています。すなわち、その証拠によって証明すべき事実自体に関する相手方の主張（たとえば、

証拠が契約書ならばその契約の成立や存在）を真実と認めることができるとされています（民事訴訟法226条）。

(2)　文書送付嘱託

　文書送付嘱託の申立ては、当事者が当該文書を所持していない場合の書証申出方法の一つです。当事者が裁判所に対し、裁判所から文書の所持者に対し、申立てに係る文書を裁判所へ送付するよう嘱託することを求めるものです（民事訴訟法226条）。

　文書送付嘱託の申立ては実務ではよく利用されています。ただし、登記事項の全部事項証明書のように、当事者が法令により文書の正本または謄本を求めることができる場合は（そのような簡単な入手方法が別途ある場合は）その対象から除かれます（民事訴訟法226条ただし書）。

　また、文書送付嘱託は、文書提出義務（民事訴訟法220条）を前提とするものではないことから、文書の所持者が嘱託に応じなくとも制裁はありません。

　実務では、不動産登記関係訴訟において、登記申請書およびその添付書類の送付嘱託等、法務局や公証役場に対して嘱託することが多いですが、嘱託先は官公署に限られず、団体であるか、個人であるかを問いません。

　なお、実務では、受訴裁判所が属する裁判所に保管中の訴訟記録について書証の申出をすることを**記録提示の申出**といい、その手続を送付嘱託と区別して「記録の提示」あるいは**記録の取寄せ**と呼んでいます。同一の裁判所内にある記録ですから、送付嘱託の必要はありませんが、その実質は送付嘱託と同じです。これに対し、別の裁判所が保管する訴訟記録について書証の申出をするときは、送付嘱託の申立ての方法による必要があります。

5　調査嘱託

　裁判所は、申立てまたは職権により、事実あるいは経験則に関し、必要な調査を官公署、外国の官公署、学校、商工会議所、取引所その他の団体（個

人には嘱託できないことに注意）に嘱託することができます（民事訴訟法186条）。調査嘱託は、嘱託先が有する資料で容易に回答できる場合の**証拠調べ**の一種です。自然人に対しては、嘱託できません。

実務では、比較的多く利用されている制度であり、活用が想定される場面としては、銀行預金取引履歴の照会、気象台への事件当日の気象状況の調査、商品取引所への取引価格の問合せ、商工会議所への取引慣行の問合せなどがあります。特別の知識経験を必要とするものについては、鑑定ないし鑑定嘱託によります。

調査嘱託は、公正さを疑われないことが客観的な事項について簡易迅速な証拠調べの手続を裁判所に与えるものですが、実務では、むしろ当事者が実施を求める場合が多いといえます。もっとも、当事者には申立権はないので、この求めは、裁判所の職権発動を促す意味しかもちません。

調査嘱託制度は、23条照会に比べ、調査嘱託事項が限られ、制度上関係文書の送付を求められるわけでもありません。また、裁判所に採用されなければ、そもそも、調査自体をすることができません。しかしながら、裁判所が介在するためか、報告者からの回答率は、23条照会よりも、かなり高いと思われます。

調査嘱託は、上述のように**証拠調べ**の一種ですので、**証拠調べの準備行為**である文書提出命令や文書送付嘱託とは異なり、結果としての回答書が官公署等から提出されれば、裁判所は口頭弁論でこれを当事者に示して意見を述べる機会を与えれば足り、当事者の援用は必要がありません（最判昭45.3.26民集24巻3号165号）。また、当事者が書証として提出する必要もありません。

もっとも、実務上は有利に援用する当事者が**証拠説明書**を添えて書証として提出されることが多く行われています。

第 **9** 章

模 擬 裁 判

第1　模擬裁判の意義

　法科大学院では、学生全員を裁判官、原告訴訟代理人、被告訴訟代理人、当事者・証人等の役割に分け、具体的事案に基づいて、それぞれの立場で、訴え提起から、和解または判決言渡しまでの民事訴訟手続（第一審）を進行させる、という模擬裁判が実施される場合があります[1]。

　模擬裁判は、学生が、各役割担当の経験を通じて、民事訴訟手続（第一審）におけるそれぞれの弁護士活動（訴訟外の活動も含みます）と民事訴訟手続（第一審）の進行を習得することを目的として行われるものです。

　各訴訟代理人役の学生は、依頼者等からの事情聴取、訴状、答弁書その他の準備書面の作成、人証（本人・証人）尋問、和解交渉を行います。裁判官役の学生は、口頭弁論、弁論準備（争点整理）、和解の勧試、事実認定、判決言渡しを行います。当事者・証人役の学生は、各当事者等の立場でそれぞれの手続に関与し、口頭弁論期日での尋問に対する供述・証言を行います。

　読者の皆様もテレビドラマや映画で尋問のシーンをみたり、法廷傍聴をしたりしたことはあるかもしれませんが、模擬裁判では、自分自身が弁護士や裁判官になりきるため、弁護士役をやれば、関係者からヒアリングすることや主張を組み立てていくことのむずかしさ、そして、本人・証人尋問（特に反対尋問）のむずかしさを実感することができるでしょう。また、裁判官役をやれば、事実認定や和解に頭を悩ますことでしょう。本人・証人役も、尋問者の質問の意図がよく理解できず（与えられた事実で回答せざるをえないという模擬裁判の性質上の限界もありますが）、頭を抱えることがあるかもしれません。

　しかし、これらの経験は将来必ず役に立つものですので、模擬裁判の機会

1　模擬裁判が必須科目となっている法科大学院と選択科目となっている法科大学院があります。また、学生の人数等によって、模擬裁判のやり方にもバリエーションがあるようです。

があれば、失敗を恐れず、積極的に参加してほしいと思います。

第2　模擬裁判を実施するにあたって

　以下では、筆者の経験をふまえ、模擬裁判のそれぞれの場面における注意
事項を述べます。

1　関係者からのヒアリング

　関係者からの綿密なヒアリングが必要になります。詳細は第1章「事件の
受任」の第1「法律相談のポイント」をご参照ください。

〈チェックリスト〉
□　虚心坦懐に関係者からヒアリングができたか
□　証拠との関係を確認したか
□　時系列表、ブロック・ダイアグラム、登場人物の関係図（必要な
　　場合）は作成したか

2　訴状の作成

　訴状のなかで最も重要なのは、請求の趣旨と請求の原因です。特に攻撃防
御方法としての請求の原因が**民事訴訟手続における主張・立証の基本構造を**
ふまえた説得的なものとなっていることが必要です。詳細は、第4章「訴
状」をご参照ください。

〈チェックリスト〉
□　請求の趣旨は正確に記載されているか
□　附帯請求は要件事実をふまえてきちんと記載されているか

3　答弁書・準備書面

　答弁書で重要なのは、請求原因事実に対する認否が適切になされていること、および被告の主張が説得的なものとなっていることです。詳細は、第5章「答弁書・準備書面」をご参照ください。

〈チェックリスト〉

□　請求の趣旨に対する答弁が正確にできているか

□　請求の原因に対する認否が正確にできているか

□　認否もれがないか

□　被告の主張が要件事実をふまえて説得的に記載されているか

　ここで**求釈明**について留意点を述べます。

　すでに述べたとおり、求釈明は、実務上、一方当事者が、相手方に対して、直接問いを発し、相手方もこれに応じており、裁判長も事実上これを容認するかたちで運用されています（『民事訴訟法講義案（三訂版)』（司法協会）129頁）。

　模擬裁判の場合、熱心になるあまり、争点と関係のない事項や争点と離れた些末な事項について釈明を求めたり、単なる誤記や証拠に照らして誤りであることが明らかな記述について、揚げ足取りになるような求釈明が行われたりすることがあります。

　しかし、このような求釈明は、あまり印象のよいものではなく、争点の明確化につながるどころか、訴訟が遅延する原因にもなりかねません。求釈明は、あくまで反撃対象が不明確なために争点が明確化できない場合に限るべきです。相手方の主張に明らかな誤りがあれば、求釈明ではなく、その旨を

準備書面で端的に指摘すれば足ります。

　求釈明を受けた当事者としてはどう対応すべきでしょうか。相手方の反撃対象が不明確なために争点が明確化できない場合は釈明に応じなければなりませんが、争点と関係のない事項や争点と離れた些末な事項については、実務上は、「釈明の必要はないと考える。立証段階で必要に応じて明確にする」と回答します。

4　口頭弁論・弁論準備およびこれらの期日における書証の取調べ

　口頭弁論や弁論準備期日では、準備書面の陳述や書証の提出がなされます。また、準備書面の内容や書証の内容について裁判所または相手方訴訟代理人弁護士から釈明を求められたり、相手方に釈明を求める必要がある場合もあります。そのため、期日当日にあわてないですむようにこれらの期日で実施される事項について、事前に十分準備をしておくことが必要です。

　民事訴訟手続では主張を裏付ける証拠の提出が必要です（**弁論主義第3原則**）。主張を裏付けるに必要かつ十分な証拠が提出されているかを確認しましょう。詳細は、第7章「証拠」をご参照ください。

〈チェックリスト〉

☐　口頭弁論および弁論準備の期日に臨むにあたり、口頭弁論で実施される事項（書面の陳述、求釈明への対応、証拠の提出等）がシミュレーションされているか

☐　要証事実を裏付ける書証が提出されているか

☐　証拠説明書が提出されているか

　ここで**書証の取調べ**について留意点を述べます。

⑴　書証の申出

　書証の申出は、まずは写しを提出すれば足ります（民事訴訟規則137条1項）が、証拠調べ期日において行う「文書の提出又は送付」は、「原本、正本又は認証のある謄本でしなければならない」とされています（民事訴訟規則143条1項）。

　書証の取調べは、裁判官が、当事者から提出された文書の原本を法廷で閲読することによって行われます。具体的には、当事者の訴訟代理人が、文書の原本を裁判所と相手方に提示し、裁判所と相手方は手元の写しが原本の写しに間違いないことを確認します。

　なお、原本提示が必要となるのが原則ですが、以下の例外があります。

ア　原本にかえて写しを提出する場合

　原本の存在と成立に争いがなく、写しを原本の代用とすることに相手方代理人の異議がない場合です。たとえば、契約書等の原本の存在と成立に争いがなく、相手方が写しをもって原本の代用とすることに異議を述べない場合があげられます。この場合、原本が証拠調べの対象となります。

イ　写しを原本として提出する場合

　相手方が異議を述べるなど上記の方法が用いることができない場合などに、写しを手続上原本として書証の申出をする場合です。この場合、写しそのものが証拠調べの対象となります。

⑵　相手方の意見聴取

　書証の成立の真否は、書証の形式的証拠力の問題です。すなわち、作成者とされる者の意思に基づいて作成されたものであることが前提となります。このため書証を提出する当事者は**証拠説明書**等で必ず作成者がだれであるかを明らかにしなければなりません。そして、文書が挙証者によって作成者と主張される者の意思に基づいて作成されたとき、これを**真正に作成された文書**といいます。

証拠の申出に対しては、双方審尋主義の観点から、相手方に陳述の機会が保障されなければなりません（民事訴訟法161条2項2号、民事訴訟規則88条1項参照）（『民事訴訟法講義案（三訂版）』（司法協会）188頁）。

しかし、実務上は、書証の成立の真正について、相手方代理人の意見を聞かないことが多く、争う場合には争う側の訴訟代理人から積極的に申し出ます。

なお、書証の成立の認否は、「同意」ではなく、「認める」となります。これは、刑事訴訟では、証拠能力について制限規定があること（刑事訴訟法319条、320条）から「同意」が問題となりますが、民事訴訟では、原則として証拠能力に制限がないからです。

5 争点整理

民事訴訟手続は、迅速かつ充実した審理を行うために、当事者双方が**民事訴訟手続における主張・立証の基本構造**をふまえてそれぞれ主張・立証を行い、裁判所とも協力しながら争点を絞っていくことが重要です。詳細は、第6章「争点整理・弁論準備手続」をご参照ください。

〈チェックリスト〉
□　主張レベルと証拠レベルでの争点整理ができているか
□　争点整理案が適切に作成されているか

ここで**争点整理の仕方**について復習し、**請求・主張の撤回**について説明します。

(1) 争点整理の仕方

民事訴訟における争点整理とは、**争いとなっている重要な点について主張や証拠を整理する**ことです。

争点整理の仕方は、法律に定めがあるわけではなく、戸惑うかもしれませ

図表9−1　争点整理案の骨組み

```
第1　本件訴訟の請求内容
第2　事実の概要
 1　請求の概要
 2　前提となる事実
第3　争点1〜●
第4　各争点に対する当事者の主張
 1　争点1について
 (1)　原告の主張
 (2)　被告の主張
 2　争点2について
 3　争点3について
〈以下省略〉
```

ん。

　争点整理は、当事者間のすべての主張や証拠を整理することではありません。あまりに大雑把過ぎても争点が絞れませんが、他方で、些末な事実に至るまで漫然と整理したのでは、争点が整理されないまま審理がいたずらに長引き紛争解決は遅れてしまいます。

　争点整理は、あくまで争点の絞込みとその深化を行って、訴訟における真の争点を確定し、最後に**人証調べ等の証拠調べの対象を限定**する作業であることに留意してください。

　争点整理案は、裁判官役の人だけでなく、弁護士役の人も作成してみることをお勧めします。争点整理案には定まった書式があるものではありませんが、おおむね、図表9−1の項目に沿って記載するとわかりやすいと思います。

(2)　請求・主張の撤回について

　模擬裁判では、よく請求（訴訟物）・主張の撤回が問題となりますが、どのように対応すべきでしょうか。

　基本的には、訴訟代理人としては、十分に準備をしたうえで請求・主張を

展開しているはずですから、裁判所から要望があったとしても、安易に妥協し、請求・主張を撤回してはいけません。しかし、以下のような事情を総合的に考慮して、請求・主張を撤回せざるをえない場合もあります。

ア　裁判所の意図

裁判所が、代理人に対して、請求・主張の撤回を求めるのは、当該請求や主張が立たないと考えている場合が多いと思われます。

したがって、一般論としては、裁判所の意向に反して請求・主張を維持しても、判決では認められない可能性が高いと考えられます。

イ　訴訟の見通し

尋問で裁判所の心証を覆すことができる可能性や控訴審における逆転勝訴の可能性を見据えながら、請求・主張を維持すべきかどうかを考える必要があります。

ウ　戦略的考察

問題となっている請求・主張自体の認められる可能性が低くとも、事件全体の印象や、他の請求・主張との関係などから、請求・主張を維持することに戦略的な意味がある場合もあります。たとえば、有権代理の主張がむずかしい場合にも、表見代理を主張するために、有権代理の主張を維持する場合があります。

エ　依頼者の意向

これがいちばん大きな理由になるかもしれませんが、裁判所に認められる可能性の低い請求や主張であっても、依頼者が請求・主張を望んでいる場合には、安易に請求（訴訟物）や主張を撤回してはなりません。

6　人　証

人証では、当事者が描くストーリーが臨場感をもって裁判所に伝わるかどうかがポイントになります。手続の詳細は、第7章「証拠」をご参照ください。

何といっても人証は模擬裁判でのメイン・イベントです。

尋問実施にあたっての留意事項は以下のとおりです。

（1） 尋問一般

ア　準備がすべて

証人・本人役の人との念入りな打合せが必要です。証人または本人として法廷に立った経験のある人は少ないと思います。慣れない法廷でも、舞い上がることなく適切な回答ができるように、何度か尋問のリハーサルを行います。尋問のリハーサルでは、スムーズに回答できるか、陳述書の内容と矛盾した回答になっていないか、尋問が尋問予定時間内に収まっているか、などを入念にチェックします。また、反対尋問のリハーサルもしましょう。反対尋問の練習をすると、争点に対する理解がより深まり、自信をもって尋問に臨むことができるようになります。

集中証拠調べでは、１日に数名の尋問が実施されますので、あらかじめすべての人証についての準備を行っておく必要があります。自ら申請した証人が１名、相手方本人１名の集中証拠調べであっても、①証人の主尋問、②証人の反対尋問、③本人の反対尋問の準備をしておく必要があります。人証の人数がさらに増えれば、それだけ準備も増えます。そして、尋問は一発勝負ですから、尋問中は、集中力を絶やすことなく、これに臨む必要があります。

集中証拠調べでよいパフォーマンスをするためには、重要な証拠（自ら提出した証拠は当然のこと、相手方提出の証拠も）については、証拠番号と記載内容を暗記し、とっさの反対尋問や再主尋問でもすぐに示せるレベルに至るまで徹底的に準備をしておく必要があります。

イ　尋問内容は記録されないと意味がない

尋問の内容は調書に記録されてはじめて裁判所の事実認定の基礎になります。いくらすばらしい尋問をしても記録化されなければ意味はありません。そのような観点から、以下の点に注意してください。

・固有名詞や場所については、漢字がわかるようにフォローする。

・「あれ」「それ」「これ」は具体的な内容を確認する。

・頷く、手振り、身振りなどの動作は、言葉で表現し直す。

・大きな声でゆっくり尋問する。語尾をはっきりさせる。

・質問と証言または供述が重複しないようにする。

ウ 「事実」を聴くこと

過去の事実に関して証人等の「意見」を質問するのは「意見の陳述を求める質問」（民事訴訟規則115条2項5号）となり、不適法な尋問となります。

過去の事実ついて「いまどう思うか」と質問したら「意見」を求める尋問になりますが、「実際に体験した当時どのように感じたか」を質問するのは、当時の認識内容、心理状態（「事実」）を質問しているので適法な尋問です。

この点はよく異議が出されますので、慌てずに異議に処理できるように、その違いをよく理解しておくことが必要です。

(2) 主 尋 問

ア 陳述書の取扱い

主尋問の重要な目的は、**陳述書**の内容を証人・本人に具体的に供述してもらうことです。尋問の冒頭で証人または本人が作成したもの（あるいは証人または本人の話を聴いて代理人弁護士が作成したものを確認したもの）であること、および内容の訂正の要否について尋ねるのが通例です。

これにより陳述書の内容は証言・供述の一部となりますが（陳述書の主尋問代替補完機能）、主尋問では、たとえ陳述書に記載されている事項であっても重要な点は状況が浮かぶように尋問することが必要です。

イ 書証の活用

できるだけ書証を活用することが重要です。

書証について尋問することで、証言・供述の信用性を裏付けることができます。反対に、証言・供述によって書証の意味内容を説明し、書証の証拠価値を高められるという効果があります。

また、訴訟代理人にとっては、書証を示すことで、尋問の間をとることが

できるという利点があり、また、裁判官にとっても、尋問の意図がわかりやすくなるという利点があります。

さらに、証言者・供述者にとっても、証言・供述の拠り所ができるため、記憶だけで証言するよりも負担が軽くなります。

なお、書証を示す際には、証言台まで行って書証を証人・本人に示すとともに、裁判官も示された書証をみていることを確認しながら尋問を行いましょう。また、相手方が原本をもっている書証については、相手方から原本を受け取ってその原本を証人等に示します。相手方が書証を示して尋問する場合には、代理人席に座ってみているのではなく、誤導がないかどうかなどを確認するために、証言台に足を運びましょう。特に反対尋問の際には、証人や本人は、近くに自分の代理人がいるだけで安心するものです。

ウ　書証がない場合

書証がない場合には、以下の点が証言・供述の信用性の観点から重要です。

① 　５Ｗ１Ｈを使った具体的な説明ができるか。

② 　経験則に照らし、証言・供述内容に合理性があるか。

③ 　証言・供述内容に矛盾がなく、一貫しているか。

(3)　反対尋問

「反対尋問はむずかしい」、模擬裁判では多くの人がこのことを実感するのではないでしょうか。

では、反対尋問には、どのように臨むべきでしょうか。

ここでも、何といっても重要なのは**事前準備**です。

相手方から提出された準備書面や書証、陳述書等を詳細に分析し、どのような回答がなされるかを幅広く予測し、尋問事項書を作成します。

それでも予測が外れ、反対尋問では想定されない回答がなされた場合に備え、何が反対尋問の目標なのか、何を弾劾したいのか、尋問事項書に記載しておきます。

そのうえで実際の反対尋問では、

① 書証との矛盾点をつく

② 陳述書と証言・供述との矛盾をつく

ことができれば、成功です。

　実際の反対尋問では、水掛け論や論争になることが多いですが、それでは有効な弾劾になりません。何を弾劾材料にするのか明確にしておくことが大切です。

　弾劾材料がない場合には、上記(2)ウの①〜③の観点から、証言・供述の信用性を弾劾することが重要です。

(4)　異議について

　実際の裁判では異議が出される場合は必ずしも多いとはいえませんが、模擬裁判では積極的に異議を出してみましょう。

　異議を出すときには、まず立ち上がってはっきりとした声で「異議！」と述べます。のんびり手をあげているだけでは、たとえば相手方訴訟代理人による誘導尋問が進んで成功してしまうかもしれません。瞬時に判断して、誘導を遮断しなければなりません。

7　和　　解

　和解は当事者の譲歩によりお互いに納得して紛争を解決することにいちばんのメリットがあります。詳細は第3章「民事訴訟手続の流れ」をご参照ください。

　模擬裁判では、人証の後に**交互面接方式**[2]で和解勧試が行われる場合が多いと思われます。この場合、裁判所は、当事者の主張および証拠を整理し、

2　裁判官が原告、被告と個別に和解の話合いを行う方式をいいます。裁判官、原告、被告が同じ席に集まって和解の話合いをする方式を同席面接方式といいます。交互面接方式には、当事者が相手方を気にせずに不満や希望など率直に真意を述べることができるメリットがあるとされています。

人証を経ていますので、少なくともある程度は判決を下す場合の結論の見通しをもったうえで具体的な和解案を示して和解勧試を行う場合が多いと思われます。したがって、訴訟当事者としては、裁判所の和解勧試を尊重したうえで対応を検討する必要があります。

　模擬裁判では、裁判所による和解勧試に対して、訴訟当事者が安易に応じてしまう例もみられますが、裁判官も人間であり、個々の能力や経験の差もあれば、記録の検討が必ずしも十分でない場合もあります。当事者の説明が不十分な場合もあるでしょう。

　したがって、訴訟代理人としては、和解勧試の根拠の合理性をしっかり検討し、不合理であると感じれば、その原因の分析を行い、それに対する適切な対応をすべきです。時には、過去の裁判例の調査結果や文献等を提出するなどして、説明を十分に行い、裁判官の理解を助けることが有用な場合があります。

第 10 章

民 事 執 行

第1 民事執行制度

1 強制執行の意義

　私法上の権利義務や法律関係の発生・消滅・変更の発生要件については、読者の皆様が学部で勉強してきた民法などの実体法が規定しています。この私法上の権利義務や法律関係をめぐって争いが生じた場合、まずは話合いによる解決を模索することになりますが、話合いで解決しない場合には、**自力救済が禁止されている**ことから、究極的には国家権力を背景とした強制的な手続である**民事訴訟手続**が利用されることになります。

　しかし、この民事訴訟手続は、裁判官が判決というかたちで争いとなっている権利義務や法律関係の存否を観念的に確定したり、当事者に金銭の支払や移転登記等の一定の行為を命じたりするにとどまります。判決が言い渡されこれが確定した場合、当事者がこれに従う場合も多いですが、これを無視したり従わなかったりする者がいた場合には、この者に対して判決の内容を実現するためには、やはり国家権力による特別な手続が必要になります。このように判決で確定された権利を国家の手によって強制的に実現することを目的として設けられているのが**強制執行**の手続です。強制執行は、後に説明する**民事執行**の中心的な一部を構成します。

　弁護士は、民事訴訟手続を理解するだけでは足りず、民事訴訟手続を経て認められた権利の実現方法についても理解しておく必要があります。

2 民事訴訟手続と強制執行手続の関係

　確定した判決に基づく強制執行については上述のとおりですが、強制執行によって実現されるのは確定された権利に限られません。判決が確定する前でも、**仮執行宣言**（民事訴訟法259条）が付されることによって、強制執行が可能となります。

　また、民事の紛争の解決は、訴訟における判決以外によってもなされま

す。たとえば、紛争の解決の実効性を担保するために、その結果を記載した書面を判決と同様に扱って強制執行を許す場合があります。**和解調書、調停調書、仮執行宣言の付された支払督促**などです。また、公証人が作成した公正証書で一定の要件を備えたもの（**執行証書**）に表示された金銭債権等についても、強制執行が許されますが、これはむしろ**紛争の予防的効果**を図るものといえます。

反対に、民事訴訟手続で紛争が解決された場合に必ず強制執行ができるわけではありません。強制執行ができるのは、**給付判決**に表示された給付請求権に限られています。これに対して、**確認判決**は、その性質上裁判所による権利義務の確定それ自体を紛争解決の最終目的とし、当事者による判決の遵守に全面的に期待するものです。また、**形成判決**は、執行という事実的な国家行為を待たずに、判決自体の効力として判決の内容を実現するものです。したがって、**確認判決**や**形成判決**については、強制執行手続は行われません。

さらに、強制執行手続のなかで生じた紛争の解決のために、訴訟手続が利用されることがあります。手続上の問題については、強制執行手続のなかで解決が図られますが、債務名義に表示された請求権の存否や対象財産の帰属など、**実体法上の問題の解決**は、民事訴訟手続に委ねられます。

3 民事訴訟手続との相違点

民事執行の中心的な一部を構成する**強制執行**の規定の多くは、民事執行法（昭和54年法律4号）以前には、旧民事訴訟法（明治23年法律29号）の第6編に当たり、大学における授業でも強制執行法は民事訴訟法の授業の一部でした。両者とも広義では「訴訟」に属します。

では、民事執行と民事訴訟はどこが違うのでしょうか。民事執行の手続に関しては、特別の定めがある場合を除き、民事訴訟法の規定が準用されますが（民事執行法20条）、両手続の本質的な相違点は理解しておく必要があります。

民事訴訟は、民事訴訟法および民事訴訟規則に定められた手続にのっとって、訴訟当事者である原告・被告がそれぞれの主張を展開し、立証（反証）し、裁判所にその主張事実を認めてもらう手続であることはすでに説明しましたが、これを一言でいえば、民事訴訟は**権利の存否を確定する手続**ということになります。一方で、強制執行手続は、**私法上の請求権の内容を強制的に実現する裁判上の手続**といえます。

　すなわち、権利関係の存否を争って原告と被告とが攻撃防御を展開する民事訴訟手続とは異なり、強制執行手続は、すでに存在が認められた債権者の権利について、その満足を得るために、**執行機関**による処分の実施を主たる内容とするものです。

　また、民事訴訟手続が訴えの提起から判決確定まで**同一の訴訟物**をめぐって**同一の手続**内で進められるのに対し、強制執行手続では、同じ債権の満足を目的としながら、債務者の**異なる財産を対象**として、**複数の執行手続が相互に無関係に進行**し、同一の財産に対する同一の執行手続のなかでさえ、差押え・換価・配当の各段階で執行機関が異なる場合もあります。各執行申立てによる個々の財産に対する執行手続が完了しても、債権者の満足が得られなければ、新たに債務者が保有する別の財産に対して強制執行をすることもできます。

4　民事執行の概要

　民事執行とは、私法上の請求権の内容を強制的に実現する裁判上の手続であり、その主要な法源は**民事執行法**と**民事執行規則**です。

　これまで強制執行について説明してきましたが、民事執行＝強制執行ではありません。民事執行法は、強制執行以外にも、**担保権の実行としての競売（担保執行）**、民法、商法その他の法律の規定による**換価のための競売（形式的競売）**、および**債務者の財産状況の調査**の3つを民事執行として規定しています（民事執行法1条）。

図表10−1　民事執行の種類（条文の構成）

```
   1   強制執行（民事執行法22条〜177条（注））
【金銭執行】　①　不動産
　　　　　　　②　準不動産
　　　　　　　③　動産
　　　　　　　④　債権その他の財産権
【非金銭執行】①　物の引渡し
　　　　　　　②　作為・不作為
　　　　　　　③　子の引渡し
　　　　　　　④　意思表示の擬制
   2   担保権の実行（民事執行法180条〜194条）
   3   形式（的）競売（民事執行法195条）
   4   債務者の財産状況の調査（民事執行法196
       条〜211条）
```

（注）強制執行の条文（民事執行法22条〜177条）のうち、非
　　　金銭執行の条文は、民事執行法168条から177条のわず
　　　か10箇条です。

第2　強制執行（債務名義に基づく執行）

　民事執行の中心的な一部を構成する強制執行について説明します。

1　強制執行とは

　強制執行とは、請求権の強制的満足のために確定判決等の個別の「債務名義」（民事執行法22条各号）に基づいてなされる執行をいいます。

　民事執行法は、強制執行について、請求権が金銭の支払を目的とするか否かに応じて、①**金銭執行**（民事執行法第2章第2節。たとえば、貸金返還請求権、売買代金請求権）、②**非金銭執行**（同章第3節。たとえば、建物明渡請求権）とに分け、金銭執行についてはその執行対象（不動産、船舶、動産債権およびその他の財産権）に応じて規定を置いています。

2　強制執行の方法（直接強制、代替執行、間接強制）

　債権者の満足に至るための強制執行の方法には、

①　執行機関がその権力作用により（債務者の意思を問わず）直接に執行目的である利益状態を実現する方法（**直接強制**）

②　第三者が債務者にかわって行える作為債務（たとえば、建物の取壊し）につき、裁判所が債権者に授権して第三者に作為を行わせ、作為の実施費用を債権者が債務者から取り立てるという方法（**代替執行**）

③　裁判所が債務者に対して履行を命ずるとともに、特定の期限までに履行しなければ不履行に対する制裁として、「一定の金銭を債権者に支払え」と命ずることによって債務者による履行を強いる方法（**間接強制**）

の３種類があります（図表10－2参照）。

　民事執行の定める強制執行のほとんどは、**直接強制**によります（民事執行法43条〜167条（金銭執行）、168条〜170条（非金銭執行）、174条〜176条（子の引渡しの強制執行）。担保執行や形式（的）競売も同様です。民事執行法180条〜195条）。しかし、直接強制の方法がとれない性質の債権については、**代替執行**または**間接強制**の方法によらざるをえません（民事執行法171条〜173条）。そ

図表10－2　民事執行における強制執行

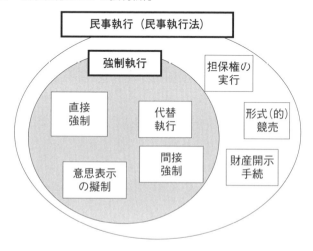

の他に主として登記手続を求める場合に**意思表示の擬制**という執行方法があります（民事執行法177条）。

民法414条では履行の強制について以下のように定められています。

（履行の強制）

第414条　債務者が任意に債務の履行をしないときは、債権者は、民事執行法その他強制執行の手続に関する法令の規定に従い、直接強制、代替執行、間接強制その他の方法による履行の強制を裁判所に請求することができる。ただし、債務の性質がこれを許さないときは、この限りでない。

2　前項の規定は、損害賠償の請求を妨げない。

3　強制執行の構造

強制執行は、国家権力により債権者の給付請求権の強制的実現を図る手続ですので、その基礎となる給付請求権の存在は慎重に判定される必要があります。しかし、その一方で、債権者の権利が確定された場合には、権利の実現を迅速に行う必要があります。

そこで、給付請求権の存否を確定するための**権利判定手続**と、その実現のための**権利実現手続**とを分離して別の機関が行うものとし、後者を担当する**執行機関**は、請求権の存在を表示する判決や執行証書等の文書（**債務名義**）が提出されれば、それらを確認することで、簡易かつ迅速に執行手続を進められることとしています[1]。

他方で、違法・不当な執行を排除するための救済手段が設けられており、公正性と迅速性とのバランスを図っています。

この点は、民事執行制度の仕組みを理解するうえで、大変重要なので、も

1　後述のとおり、原則として、不服申立てがあっても、執行停止の効力はありません。

う少し詳しく説明します。

　民事執行によって行われる手続が適正かつ迅速に行われるように、民事執行の手続は以下に述べるような**2段階構造**となっています。

　すなわち、権利判定手続と権利実現手続が分離されており、前者は基本的には**裁判機関**が、後者は**執行機関**（裁判所が執行機関になる場合があることは後述のとおりです）が担当します。これらの手続はもともと行為の性質が異なるものであり、同一の機関に担当させるのでは迅速な執行ができないからです。権利を判定する**裁判機関**から制度的に分離された**執行機関**が、債権者の執行申立てを受ける際、自らがあらためて執行債権なり担保権の存在を確定するための実質的な審理をすることなく、一定要件を満たした場合には、直ちに権利の実現に着手し、執行が実現できるように、債権者にはその権利を高度の蓋然性でもって証明することができる文書の提出が要求されます。その証明力自体が争われて紛糾することがないように、法は、この文書について厳格な制限を加え、原則として法文に列挙した一定の要件を備えた権利を表示する文書に限定しています。こうした文書で法的効力をもつ文書を**債務名義**といいます。執行機関は、この債務名義に基づいて民事執行を開始します。

　担保権の実行においても、不動産に対する担保権の実行では不動産登記事項証明書等一定の文書等の提出がされたときに限り開始します（民事執行法181条）。

　このように、権利判定手続と権利実現手続を分離し、権利の判定は裁判所に任せて、執行機関を権利の実現に専念させることにより、執行の迅速性を確保し、執行の正当性の確保は、債権者に執行名義を提出させることによって、権利の存否の慎重な判断の要請と迅速な権利の実現の要請のバランスをとっています。

　この**2段階構造**を図式化すると図表10-3のとおりです。

図表10−3　民事執行手続の2段階構造

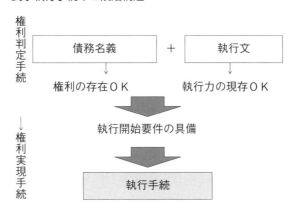

4　執行機関

　民事執行には、執行債権や執行対象により、手続が裁判官の**観念的処分**
（裁判）で足りるものと**現地での事実行為が必要なもの**があり、それに応じ
て、**裁判所**と**執行官**の職分が分けられています。

(1)　裁判所と執行官の2元システム（民事執行法2条）

　迅速な請求権の実現のため、執行機関は、判決手続を担当する機関から分
離されています。

　そして、観念的な処分で足りる執行は**執行裁判所**が行い、現実的な事実行
為を必要とする執行は**執行官**[2]が行います。以下具体例をあげて説明しま
す。

2　執行官は、各地方裁判所に置かれた特別職の公務員です（裁判所法62条1項、執行官
　法1条、国家公務員法2条3項13号）。執行官の行うべき事務については、裁判所法62
　条3項で「執行官は、他の法律の定めるところにより裁判の執行、裁判所の発する文書
　の送達その他の事務を行う」と規定され、これを受けて執行官法1条が執行官の事務を
　定めています。

⑵　裁判所が執行処分をする場合

ア　不動産執行（民事執行法44条、188条）

　不動産執行には、不動産を換価してその換価代金から債権を回収する強制競売と不動産を賃貸等に付してその収益金から債権を回収する強制管理の手続があります（民事執行法43条1項）。

　不動産に対する金銭執行（不動産執行）は、債権回収の最も重要かつ確実な手段として、民事執行の中核と位置づけられます（中野貞一郎『民事執行・保全入門（補訂版）』（有斐閣）81頁）。民事執行法も、不動産の強制競売について最も詳細な規定を置き（民事執行法45～92条）、これを、不動産の強制管理・担保競売、および、準不動産（船舶・航空機・自動車等）に対する強制競売・担保競売、あるいは動産執行・債権執行の一部についても準用しています（民事執行法111条、121条、142条2項、166条2項、188条）。

　なお、不動産執行として実務上最も実をあげているのは、（根）抵当権の実行としての競売です。

イ　船舶執行（民事執行法113条、189条）

　総トン数20トン以上の船舶は、民法上は動産ですが、それについて登記がされ（商法686条）、登記が所有権移転の対抗要件とされていること（商法687条）、また通常は高価な資産であることから、民事執行法上は不動産に準じたものと扱われ、強制競売に近い執行手続がとられています（強制管理は認められていません）。

ウ　債権執行（民事執行法144条、193条）

　債権執行では、債権を差し押さえ、換価することになりますが、執行債権者と執行債務者のほかに、第三債務者が出てくるため、この3者の利害調整が必要となります。また、執行裁判所による差押えがなされた後の手続の進行が一様ではなく、換価の段階においては執行債権者自身による債権取立て（民事執行法155条）および執行債権者への転付命令（民事執行法159条）が重要な位置を占めます。

(3) 執行官が執行処分をする場合

ア　動産執行（民事執行法122条、190条）

　民法86条の動産（ただし、登記・登録制度のある船舶・航空機・自動車・建設機械を除く）を対象にするもので、目的物を差し押さえ、売却し、配当等を実施します。

イ　引渡し等の強制執行（民事執行法168条、169条）

　金銭以外の有体物の引渡しまたは明渡しを目的とする請求権の強制執行の方法で、不動産の場合は、執行官が目的物に対する債務者の占有を解いて債権者にその占有を取得させる方法により行い（民事執行法168条1項）、動産の場合は、執行官が債務者から動産を取り上げて債権者に引き渡す方法によります（民事執行法169条1項）。

ウ　執行裁判所の執行手続の一部担当（現況調査（民事執行法57条）、売却の実施（民事執行法64条）など）

　現況調査は、執行裁判所が、執行官に対し、不動産の形状、占有関係その他の現況について調査を命ずるものです（民事執行法57条1項）。不動産の売却にあたり期日入札がなされる場合には、裁判所書記官が入札期間、開札期日、売却決定期日を定め（民事執行法64条4項）、執行官に売却実施を命じます（同条3項）。

5　強制執行実施の原則的3要件

　強制執行は、原則として、**執行文**の付された**債務名義**（民事執行法22条）の正本に基づいて実施します（民事執行法25条本文）。また、強制執行をするためには、執行に対する防御の機会を債務者に与えるため、債務名義が債務者に**送達**されていなければなりません（民事執行法29条）。

　これらは、強制執行の3点セットなどと呼ばれることもあります。

① 債務名義（民事執行法22条）

② 執行文（民事執行法25条）

③　送達証明書（民事執行法29条）

　ここで注意すべきは、①②は**権利判定手続**に関するものですが、③は**執行開始の要件**であり、**権利実現手続**に関するものです。

6　債務名義

(1)　意義と役割

　債務名義とは、強制執行によって実現されるべき給付請求権の存在と範囲を表示し、法律により執行力の認められた公の文書です（民事執行法22条）。どのような文書が債務名義になるかは明文で法定されています（同条）が、典型的な債務名義は、**判決、和解調書、執行認諾文言付公正証書**です[3]。

(2)　債務名義の種類（民事執行法22条）

　民事執行法22条が規定する債務名義には以下のものがあります。

①　**確定判決**（1号）

　日本の裁判所がした給付判決で、強制的に実現することが可能な特定の給付請求権を表示するものに限定されます。

②　**仮執行の宣言を付した判決**（2号）

　①の給付判決は、確定前でも、仮執行宣言が付された場合には、債務名義となります。仮執行宣言（民事訴訟法259条）は、敗訴者（執行債務者）に上訴による審級の利益を保障しつつ、勝訴者（執行債権者）の早期の満足を図る制度です（上原敏夫ほか『民事執行・保全法（第6版）』（有斐閣）51頁）。

③　**仮執行の宣言を付した支払督促**（4号）……債務者が支払督促の送達から2週間以内に督促異議を申し立てない場合には、債権者の申立てに基づ

3　債務名義の存在は、強制執行の不可欠の要件です（民事執行法25条）。ただし、金銭の支払を目的とする債権についての強制執行における執行費用については、債務名義は不要とされています（民事執行法42条2項）。

いて仮執行宣言が付され（民事訴訟法391条）、本号の債務名義となります。

④　**執行証書**（5号）

　　(ⅰ)　執行証書とは、一定額の金銭の支払またはその他の代替物もしくは有価証券の一定の数量の給付を目的とする請求について公証人が作成した**公正証書**のうち、債務者が直ちに強制執行に服する旨の陳述（**執行受諾文言**）が記載されているものをいいます。執行受諾文言がないと執行証書にはなりません。

　　(ⅱ)　執行証書は、まったく裁判所の関与なしに成立し、直ちに強制執行を許す点で、他の債務名義とは異なります。作成手続が簡便であるため実務において多用されていますが、金額の一定性や、執行受諾文言の有効・無効をめぐって、紛争が生ずることもあります。

⑤　外国判決、仲裁判断

　　(ⅰ)　確定した執行判決のある外国裁判所の判決（6号）

　　(ⅱ)　確定した執行決定のある仲裁判断（6号の2）

⑥　確定判決と同一の効力を有するもの（7号）

　　(ⅰ)　和解、認諾調書（民事訴訟法267条）

　　(ⅱ)　破産手続における破産債権者表（破産法221条1項）

　　(ⅲ)　会社更生手続における更生債権者表および更生担保権者表（会社更生法150条3項）

　　(ⅳ)　民事再生手続における再生債権者表（民事再生法104条3項）

　　(ⅴ)　家事調停調書（家事事件手続法268条1項）

　　(ⅵ)　合意に相当する審判（家事事件手続法277条、281条）、調停にかわる審判（家事事件手続法284条、287条）

　　(ⅶ)　損害賠償命令（犯罪被害者等の権利利益の保護を図るための刑事手続に付随する措置に関する法律23条）

⑦　和解調書と同一の効力を有するとされるもの

　　(ⅰ)　調停調書（民事調停法16条）

　　(ⅱ)　労働審判（労働審判法21条4項）

7　執行文

(1)　執行文の意義

　執行文（民事執行法25条本文）とは、当該執行当事者間において債務名義の執行力の存在と範囲とを公証するため、執行文付与機関が債務名義の正本の末尾に付記した公証文言をいいます（民事執行法26条1項）。公証文言は、債務名義の**執行力を公証**するのであり、債務名義上の債権が実体的に存在することを証明するものではありません。

(2)　執行文はなぜ必要なのか

　強制執行は、執行文の付された債務名義の正本に基づいて実施します（民事執行法25条1項本文）。債権者がすでに債務名義をもっているのに、執行文を債務名義に付してもらわないと強制執行はできません。なぜでしょうか。

　これは、先ほど説明した**権利判定手続と権利実現手続との分離**と関係があります。債務名義が判決の場合、その判決は確定しているか、または仮執行宣言がついているか、上級審や再審で取り消されていないか、債務名義に表示された当事者に執行力が及ぶか、などが問題となります。このような強制執行の要件にかかわる事項を執行機関に審査してもらおうとしても、執行機関の手元には審査をするための資料がないため、これを取り寄せなければなりません。しかし、これでは迅速な権利の実現ができません。

　そこで、債務名義の執行力の存在や範囲を、執行機関の判定に委ねず、債務名義の作成に関する資料が手元にある**裁判所書記官**や**公証人**の判定に委ね、その結果を執行文に表示して執行機関に伝えることができるようにしました。

　すなわち、債務名義たる文書が有効に存在すること、執行力が現存すること、条件等債権者の証明すべき事実が証明されていること、執行力の及ぶ主観的範囲、再度付与の必要性等に関する調査や判断を、調査資料のある**裁判所書記官**や**公証人**など執行文付与機関に委ねることによって、執行機関に対

しては**執行開始の要件**以外に調査・判断する職責を負担させないことによって、迅速な執行が実現できるようにしているのです。

(3) 執行文の種類

ア 単純執行文

　債務名義に表示された単純な給付請求権の内容そのままに執行力を公証する執行文のことをいいます。

イ 事実到来（条件成就）執行文

　債務名義に表示された給付請求権が「債権者の証明すべき事実」の到来に係る場合に、債権者が事実の到来を証明したときに限り付与される執行文のことをいいます（民事執行法27条1項）。

　「債権者の証明すべき事実」とは、その請求を訴訟物とする訴訟において、債権者が証明責任を負担すべき事実のことであり、**債権者の先履行給付、解除権の行使、不確定期限の到来**等があります。

ウ 承継執行文

　債務名義に表示されていない者を当事者として強制執行を行う場合に、あらかじめ執行文付与機関に、民事執行法23条（執行力の範囲）の要件の充足を証明して付与を受ける執行文をいいます（民事執行法27条2項）。

　承継執行文は、債務名義に表示された当事者以外の者（債権者側・債務者側）に対し執行力の及ぶことが執行文付与機関に明白であるときや、債権者が執行力の及ぶことを証する文書を提出することによって付与されます（民事執行法27条2項）。典型的な例としては、債務名義成立後の承継人があります。そのほかには、占有移転禁止の仮処分執行後の占有取得者（民事保全法62条）や、訴訟担当における被担当者などがこれに当たります。

エ 意思表示擬制のための執行文

　不動産登記請求権の場合を例にとると、売主は、買主への所有権移転登記に協力する義務があります。登記がなければ買主はその所有権取得を第三者に対抗できません。しかし、登記は、**登記権利者・登記義務者の共同申請**[4]

により登記官がするため（不動産登記法11条、60条）、売主の登記申請も必要ですが、どうしても売主が協力してくれない場合には、売主を被告として移転登記手続請求の訴えを提起することになります。そして、「所有権移転登記手続をせよ」という確定判決を得れば、売主の承諾がなくてもその判決が確定した時に被告（売主）がその登記申請（登記所に向けての公法上の意思表示）をしたものとみなされ（民事執行法177条1項本文）、買主は、この判決正本の正本なり謄本をもって登記所（法務局）に行き、**単独**で所有権移転登記をすることができます（不動産登記法63条）。これを**意思表示義務の強制執行**といいます。

このように債務名義の内容が登記請求権等の意思表示を命ずるものである場合、法は、債務名義の効果が発生した時点（判決が確定し、または和解・認諾・調停に係る債務名義が成立した時点）で、債務者が意思表示をした旨を擬制しています（民事執行法177条1項本文）。したがって、具体的な執行行為の必要がないので、原則として執行文は不要です（同項本文）[5]。

(4) 執行文付与の要件・手続

ア 執行文付与の要件

単純執行文の付与のためには、債権者は、以下の要件を文書で証明しなければなりません。

① 債務名義の存在

② 債務名義に強制執行にふさわしい請求権が表示されていること

すなわち、債務名義には給付の目的と、給付命令または給付の合意が表示され、その給付内容が執行機関の執行手続によって実現可能なものであるこ

4　共同申請主義といいます。物権変動にかかわった当事者のうち一方のみの申請では足りず、登記権利者・登記義務者双方の申請がなければ、登記をすることはできないという建前を意味します。

5　ただし、ここで注意が必要なのは、債務者の意思表示が債権者の証明すべき事実の到来に係る場合には、事実到来（条件成就）執行文が付与されたときに意思表示があったものとみなされることになるため（民事執行法177条1項ただし書）、意思表示がなされた時点を明らかにするために、例外的に執行文が必要となります。

とが必要です。

③　執行力が現に存すること

たとえば、判決ならば、再審・上訴・仮執行宣言の取消し・訴えの取下げ・訴訟上の和解などによって債務名義自体の効力が失われていたり、請求異議の認容判決によって執行力が消滅していたりはしていないことが必要です。

イ　執行文付与の特別要件

㋐　**事実到来（条件成就）執行文の場合**（民事執行法27条1項）

債務名義の記載上「請求が債権者の証明すべき事実の到来に係る場合」には、その事実が到来したことを証する文書を債権者が提出したことが必要です。

債権者の証明すべき事実とは、**停止条件の成就、不確定期限の到来**のほか、**債権者の先履行給付、催告、解除権の行使**などを含みます。

これに対して、**確定期限の到来、立担保、反対給付の提供**など単純な事実については、迅速な執行や同時履行の趣旨を活かすため、執行機関が判断できる（執行開始要件）ものとされています（民事執行法30条、31条）。

㋑　**承継執行文の場合**（民事執行法27条2項）

承継人につき債務名義の執行力が及ぶことが、執行文付与機関に明白であるか、それを証する文書を債権者が提出したことが必要です。

(5)　執行文付与機関

執行文は、執行証書以外の債務名義については事件の記録の存在する**裁判所書記官**が、執行証書についてはその原本を保存する**公証人**が、書面による申立て（民事執行規則16条1項）に基づいて付与します（民事執行法26条1項）。

(6)　不服申立手続

執行文をめぐる不服申立手段として、**異議申立て**と**訴えの提起**とがあります。訴えの提起が用意されているのは、執行文が付与されるかどうかは、既

判力・執行力の範囲に関する問題であり、実体法上の権利の有無と密接に関係しているからです。

　不服申立てをしたいと考える債権者または債務者は、基本的には、①書証だけで勝てると判断すれば、異議申立てを選択し、②勝つために尋問が必要だと判断すれば、訴えの提起を選択することとなります。

　具体的な不服申立てを分類すると以下のとおりです。

ア　債権者の救済

①　執行文付与の拒絶に対する異議（民事執行法32条）

②　執行文付与の訴え（民事執行法33条）

イ　債務者の救済

①　執行文付与に対する異議（民事執行法32条）

②　執行文付与に対する異議の訴え（民事執行法34条）

8　執行開始の要件

(1)　債務名義の正本等の送達

ア　送　達

　強制執行を開始するためには、債務者に対し、執行に対する防御の機会を与えるため、債務名義の正本または謄本、もしくは確定により債務名義となるべき裁判の正本または謄本が、あらかじめ、または同時に債務者に送達されていなければなりません（民事執行法29条前段）。

　条件成就執行文または承継執行文が付与された場合には、当該執行文およびそれを求めるため債権者が提出した文書の謄本も、あらかじめ、または同時に送達されていなければなりません（民事執行法29条後段）。

イ　送達証明書の交付申請

　判決は、確定のために、裁判所が職権でその正本を債務者に送達するため（民事訴訟法255条）、直ちに送達証明書の交付を申請することになります。

　公正証書は、判決等と異なり、当然には債務者への送達がなされないた

め、公証人に対し、送達の申立てをしたうえで（公証人法57条の２）、送達証明書の交付申請を行います。

(2) 執行機関の認定による執行開始

　以下の場合は、事実到来（条件成就）執行文の付与を受けるまでもなく、執行機関の判断によって執行を開始することができます。これらの場合は、その調査や判断が比較的容易であり、また、その要件の性質から要件が具備されればすぐに執行するのが債権者の利益にかなうためです。

① 確定期限の到来（または経過）（民事執行法30条１項）

　ただし、不確定期限の到来は、法的判断が絡むので、執行機関（執行官）ではなく、執行文付与機関（裁判所書記官）が事実到来（条件成就）執行文の付与要件として審査・判断します。

② 担保の提供（民事執行法30条２項）

③ 引換給付の場合の反対給付の履行または提供（民事執行法31条１項）

　反対給付の履行・提供を執行文付与の要件とすると、執行文付与の段階で反対給付の先履行が強制されてしまうので、同時履行の趣旨を活かし、「執行開始要件」としています。

④ 代償請求の場合の主たる請求の強制執行の目的不達成（民事執行法31条２項）

9　執行障害事由

　執行障害とは、当該債務名義に基づく執行が全体として許されなくなる事由で、執行機関が職権で調査すべきものをいいます。

　債務者について、破産手続開始、民事再生手続開始、会社更生手続開始、特別清算手続開始などがあった場合がこれに該当します。

　これらの場合には、それぞれの法律において、債権者の地位に応じて実質的公正を実現するための手続が整備されているので、債権者の抜駆け的な個別執行（民事執行）は規制されることになります。

10 民事執行の停止・救済

民事執行の停止・救済は複雑で難解な分野です。ここでは基本的な概念を理解しておきましょう。

(1) 強制執行の停止・執行処分の取消し

民事執行の停止・取消しについても、民事執行手続の２段階構造、すなわち**権利判定手続**と**権利実現手続**の分離が関係しています。すなわち、執行が開始された後に、債務者が執行債権・担保権の不存在や期限の猶予等を主張して執行の停止・取消しを求めてきても、執行機関としては、実体的な審理・判定はできず、執行機関が情報を集めて調べていては迅速な執行は実現できません。

そこで、民事執行法は、執行の停止・取消しを求める者に執行反対名義の提出を要求します。債務者は、執行債権や担保権の不存在等を高度の蓋然性でもって証明できる形式的資料として、裁判機関によって発せられた執行の不許・停止等の形式的資料を執行機関に提出しなければならず、債務者がそれを提出しなければ執行機関は執行の停止や取消しはしません（民事執行法39条、40条、183条）。

以下、具体的に説明します。

(2) 強制執行の停止・取消しの手続

ア 強制執行の停止

強制執行の停止とは、執行機関が、法律上の事由により、将来に向かって、強制執行の開始・続行を止める措置をいいます。

イ 執行処分の取消し

執行処分[6]の取消しとは、すでにした執行処分を取り消す処分をいいます。

ウ　終局的停止と一時的停止

すでになされた執行処分の取消しを伴う終局的停止と、将来の執行の可能性を残す一時的停止とが区別されます。

強制執行の終局的停止として執行取消文書（民事執行法39条1項1号～6号）が提出された場合は、執行機関は、強制執行の停止にとどまらず、さらに、すでにした執行処分を取り消さなければなりません（民事執行法40条1項）。

エ　執行取消し・停止文書の提出

強制執行の停止・執行処分の取消しは、原則として、債務者が執行取消文書（民事執行法39条1項1号～6号）、執行停止文書（同項7号・8号）を執行機関に提出して申し立てることを要します[7]。

オ　控訴とともにする強制執行停止決定の申立て

一審で敗訴した当事者が控訴したうえで強制執行の停止を求める手続があり、実務上もよく利用されています。

すなわち、敗訴者は、

① 判決に不服があるとして控訴期間内に裁判所に控訴状を提出して控訴を提起し（民事訴訟法286条）、

② 別途、強制執行停止を申し立て（控訴によって当然には執行手続は停止しないため）、担保を立てて強制執行停止決定を取得し（民事訴訟法403条1項3号）、

③ その正本を執行停止文書（民事執行法39条1項7号）として執行機関に提出し（決定を得ただけでは執行手続は停止しないため）、

仮執行宣言付判決による強制執行を一時停止することができます。

この場合、原審で敗訴しているため、相当額の担保[8]を提供する必要があ

6　執行機関が執行手続においてする行為を執行処分といいます。執行処分は、裁判の場合もあれば（たとえば、不動産の強制競売開始決定、債権差押命令など）、裁判以外の法的行為の場合もあり（たとえば、動産の差押え、物件明細書の作成、配当表の作成など）、さらに、単なる事実行為の場合もあります（たとえば、執行官による抵抗の排除（民事執行法6条）など）。

7　強制執行の停止・執行処分の取消しには、原則として、担保の提供が必要です（民事訴訟法403条、民事執行法36条1項、38条1項・4項、民事保全法27条1項）。

ります。

(3) 強制執行における救済

執行文付与に関するもの（前述7(6)「不服申立手続」参照）に加えて、違法な執行処分、不当な執行処分に対する救済があります。

ア　違法な執行処分に対する救済

執行処分または執行処分をしないことが執行法上違法である場合の救済方法です。

(ア)　執行抗告（民事執行法10条）

執行裁判所の裁判に対する抗告であり、一種の上訴といえます。通常の即時抗告には執行停止の効力がありますが、執行抗告には執行停止の効力はありません。しかし、抗告裁判所は原裁判の執行の一時停止を命じることができますし、特に重要な影響のある決定については、執行抗告によって確定が妨げられている間は、効力を生じないとされています（民事執行法12条2項、83条5項、159条5項）。

(イ)　執行異議（民事執行法11条）

執行裁判所に対する是正申立てです。執行抗告ができない執行裁判所の執行処分と、執行官の執行処分・過怠に対する不服申立てが含まれます。執行停止効はありませんが、執行裁判所は、執行処分の一時停止を命じることができます（民事執行法11条2項、10条6項）。

イ　不当な執行処分に対する救済

執行処分は適法ですが、**執行処分の結果が実体法上是認されない場合**の救済方法です。たとえば、執行債権が債務名義の存在にもかかわらず実体法上存在しない場合や、執行対象財産が債務者の責任財産に属しない場合などが含まれます。不当執行の救済は、基本的には、執行手続とは別の訴訟手続によります（図表10-4参照）。

8　請求金額・認容額（元本のみならず既発生の遅延損害金も含みます）の60〜80パーセントとされるのが一般的です。

図表10－4　強制執行における救済

救済事項	救済手段
債務名義の執行力の排除	請求異議の訴え（民事執行法35条）
執行文の付与・付与拒絶	執行文付与に関する異議（民事執行法32条） 執行文付与の訴え（民事執行法33条） 執行文付与に対する異議の訴え（民事執行法34条）
執行処分の是正・排除	執行抗告（民事執行法10条） 執行異議（民事執行法11条） 第三者異議の訴え（民事執行法38条）

（出典）　中野貞一郎『民事執行・保全入門（補訂版）』（有斐閣）248頁から引用。

(ア)　請求異議の訴え（民事執行法35条）

　債務名義に表示された請求権と実体上の権利関係に不一致がある場合になされる債務名義の執行力を排除する訴えです。たとえば、口頭弁論終結後に弁済・相殺がなされた場合などがあげられます。

(イ)　第三者異議の訴え（民事執行法38条）

　強制執行の目的物について所有権その他目的物の譲渡または引渡しを妨げる権利を有する第三者が、特定財産に対する執行を排除するための訴えです。

(ウ)　強制執行停止等の申立て（民事執行法36条1項、38条4項）

　異議の訴え（請求異議の訴え、執行文付与に関する異議の訴え、第三者異議の訴え）を提起しても執行停止の効力はないため、別途、強制執行の停止・執行処分の取消しの申立てを行う必要があります。

第3　民事執行の手続

　以上では、民事執行（特に強制執行）の基本的な概念について説明してきましたが、以下では、民事執行の手続が、それぞれどのように行われるかを

説明します。ここに記載してあることを暗記する必要はありません。

1　強制執行

(1)　金銭執行

ア　意　義

　金銭執行とは、執行によって満足を受けるべき請求権が金銭を目的とする執行です。

イ　金銭執行の種類

　金銭執行は、執行対象に応じて、次のように規定されています。

① 　不動産執行（民事執行法45条〜92条（強制競売）、民事執行法93条〜111条（強制管理））

② 　準不動産執行（民事執行法112条〜121条、民事執行規則84条〜98条の2）

③ 　動産執行（民事執行法122条〜142条）

④ 　債権その他の財産権に対する執行（民事執行法143条〜167条の16）

ウ　金銭執行の手続の流れ

　債務者の責任財産を執行の対象としますので、原則として（強制管理以外は）、

$$\boxed{申立て} \Rightarrow \boxed{差押え} \Rightarrow \boxed{強制換価} \Rightarrow \boxed{配当（満足）}$$

という手続（直接強制）となります。

　強制執行の申立書（書式10−1、書式10−2参照）には、次に掲げる事項を記載し、執行力のある債務名義の正本を添付しなければなりません（民事執行法21条）。

① 　債権者および債務者の氏名または名称および住所ならびに代理人の氏名および住所

② 　債務名義の表示

③ 　下記⑤に規定する場合を除き、強制執行の目的とする財産の表示および

求める強制執行の方法

④　金銭の支払を命ずる債務名義に係る請求権の一部について強制執行を求めるときは、その旨およびその範囲

⑤　民法414条に規定する請求に係る強制執行を求めるときは、求める裁判

【書式10－1】　不動産強制競売申立書

不動産強制競売申立書

東京地方裁判所民事第21部　御中
　　　　　　　令和○年○○月○○日
　　　　　　　　　　債　権　者　　○○○○株式会社
　　　　　　　　　　　　　　　　　代表者代表取締役　○○○○　印
　　　　　　　　　　　　　　　　　電　話　○○○－○○○－○○○○
　　　　　　　　　　　　　　　　　ＦＡＸ　○○○－○○○－○○○○
　　　　　　　　　　　　　　　　　担当者　○○

　　　　　当　事　者　　別紙当事者目録のとおり
　　　　　請 求 債 権　　別紙請求債権目録のとおり
　　　　　目 的不動産　　別紙物件目録のとおり

　債権者は、債務者に対し、別紙請求債権目録記載の債務名義に表示された上記債権を有するが、債務者がその弁済をしないので、債務者所有の上記不動産に対する強制競売の手続の開始を求める。
　☑　上記不動産につき、入札又は競り売りの方法により売却しても適法な買受けの申出がなかったときは、他の方法により売却することについて異議ありません。

添付書類
1　執行力ある判決正本　　　　　　　　　　　　　　　○通
2　送達証明書　　　　　　　　　　　　　　　　　　　○通
3　不動産登記事項証明書　　　　　　　　　　　　　　○通
4　公課証明書　　　　　　　　　　　　　　　　　　　○通
5　資格証明書　　　　　　　　　　　　　　　　　　　○通
6　住民票　　　　　　　　　　　　　　　　　　　　　○通

当事者目録

〒○○○−○○○○　　○○区○○▲丁目▲番▲号
　　　　　　　申立債権者　　○○○○株式会社
　　　　　　　　　代表者代表取締役　　○○○○

〒○○○−○○○○　　○○県○○市○○町○丁目○番○号
　　　　　　　債　務　者　　○　○　○　○

請求債権目録

　債権者債務者間の○○地方裁判所令和○年（ワ）第○○号○○○請求事件の執行力ある判決正本に表示された下記金員

記

(1)　元　　金　　金○○○,○○○円
(2)　損害金
　　　ただし、(1)の金員に対する令和○年○○月○○日から完済に至るまで年○パーセントの割合による遅延損害金

物　件　目　録

1　所　　　在　○○区○○▲丁目
　　地　　　番　○番○
　　地　　　目　宅地
　　地　　　積　○○○○.○○平方メートル
　　　　共有者　○○○○　持分　○○○○○分の○○○
2　（一棟の建物の表示）
　　所　　　在　○○▲丁目○番地○
　　構　　　造　鉄骨造一部鉄骨鉄筋コンクリート造陸屋根11階建

```
床 面 積　1階　○○○．○○平方メートル
　　　　　　2階ないし11階　各○○○．○○平方メートル
(専有部分の建物の表示)
家 屋 番 号　○○▲丁目○番○の○
建物の名称　○○○号
種　　　類　居宅
構　　　造　鉄骨造1階建
床 面 積　○階部分○○．○○平方メートル
```

(2) 非金銭執行

ア　意　義

　非金銭執行とは、執行によって満足を受けるべき請求権が金銭以外のもの
を目的とする執行です。

イ　非金銭執行の種類

㋐　物の引渡請求権の執行

　建物や動産等の引渡しを求める場合です。この場合、目的物件に対する債
務者の支配(占有)を強制的に排除して請求権を実現します(直接強制)。

㋑　作為・不作為義務の執行

① 代替的な作為[9]・不作為請求権の執行……違法な看板や塀の撤去等を求
　める場合です。この場合、債権者または第三者が債務者にかわって作為を
　なすことを許し、債務者から費用を取り立てます(代替執行(民事執行法
　171条))。

② 不代替的な作為[10]・不作為請求権の執行……面会の強要や電話をしない

9　債務者自身が行っても第三者が行っても債権者の受ける結果には経済的・法律的な違
　いがない作為がこれに当たります。
10　どうしても債務者自身にやってもらわないと、他の第三者がやったのでは同じ結果が
　得られない場合がこれに当たります。

図表10-5　非金銭執行の種類と執行方法

執行の種類	直接強制	代替執行	間接強制	
物の引渡しの強制執行	○	×	○	
代替的作為義務の強制執行	×	○	○	
不代替的作為義務の強制執行	×	×	○	
不作為義務の強制執行	×	△	○	
意思表示義務の強制執行	×	×	×	意思表示の擬制

（出典）　中野貞一郎『民事執行・保全入門（補訂版）』（有斐閣）223頁から引用。

こと等を求める場合です。この場合、債務者に対し、履行の遅延・不履行の場合に相当額の金銭を債権者に支払うよう命じます（間接強制（民事執行法172条））。債務者に心理的なプレッシャーを与えて請求権を実現する方法です[11]（図表10-5参照）。

ウ　法律行為（意思表示）を目的とする債務の執行

　主として登記手続を求める場合です。意思表示の擬制（民事執行法177条）という方法により権利を実現します。

　意思表示を目的とする義務は、債務者にかわって第三者がすることのできない義務（不代替的作為義務）ですから、本来は間接強制の方法によるべきですが、意思表示を目的とする義務は、債権者にとって、意思表示をしてもらうこと自体が重要なのでなく、意思表示の結果たる法的効果が重要です。そこで、この点に着目し、意思表示を命じる債務名義の効果が発生した時点で、債務者が意思表示をした旨を擬制し、直截・簡明に債権者の請求権を実

11　間接強制は、時間や費用の点において簡便で効果的な場合もあるため、代替執行が不可能な場合に限って使われるわけではありません。不動産等の引渡し・明渡しの強制執行（民事執行法168条1項）、動産の引渡しの強制執行（民事執行法169条1項）、第三者の占有する目的物引渡請求権に係る強制執行（民事執行法170条1項）および代替執行（民事執行法171条1項）については、債権者の申立てがあるときは、間接強制の方法によることも可能です（民事執行法173条1項）。

現するという方法を考案しました（上原敏夫ほか『民事執行・保全法（第6版）』（有斐閣）237頁）。

2　担保権の実行

　実体法上の担保権の実行に関する諸種の手続のうち、抵当権、質権または先取特権の実行として目的財産を競売その他の方法によって強制的に換価し、被担保債権の満足を図る民事執行手続です（民事執行法180条〜194条）。不動産・動産・債権その他の財産上に担保権を有する者による担保権実行手続であり、その方法は「債務名義」が不要である点を除き、ほぼ強制執行に準じます。

　担保権の実行には、強制執行と異なり、債務名義を必要としませんが、不動産を目的とする担保権の実行の申立てにあたっては、債権者に担保権の存在を証する一定の法定文書（確定判決、登記事項証明書など）の提出が求められ、これらを他の文書にかえることは許されません（民事執行法181条1項）。債権およびその他の財産権を目的とする担保権の実行の申立てについても、債務名義は要求されませんが、担保権の存在を証する文書の提出[12]が必要です（民事執行法193条1項）。

【書式10−2】　担保不動産競売申立書

```
　　　　　　　　　　　担保不動産競売申立書

東京地方裁判所民事第21部　御中
　　　　令和○年○○月○○日
　　　　　　債　権　者　　　○○○○株式会社
　　　　　　　　　　　　　　代表者代表取締役　○○○○　印
　　　　　　　　　　　　　　電　話　○○○−○○○−○○○○
```

12　不動産に対する抵当権の実行としての競売の申立ての場合には、抵当権の登記に関する登記事項証明書（民事執行法181条1項3号）の提出がなされます。この場合、被担保債権の存在や弁済期の到来を証明する文書の提出は不要です。

FAX ○○○-○○○-○○○○
担当者 ○○

当　事　者　　　別紙目録のとおり
担　保　権
被担保債権　　　別紙目録のとおり
請　求　債権

目的不動産　　　別紙目録のとおり

　債権者は、債務者（兼所有者）に対し、別紙請求債権目録記載の債権を有するが、債務者がその弁済をしないので、別紙担保権目録記載の（根）抵当権に基づき、別紙物件目録記載の不動産の担保不動産競売を求める。

☑　上記不動産につき、入札又は競り売りの方法により売却しても適法な買受けの申出がなかったときは、他の方法により売却することについて異議ありません。

添付書類
1　不動産登記事項証明書　　　　　　　　　　　　　　　　○通
2　公課証明書　　　　　　　　　　　　　　　　　　　　　○通
3　資格証明書　　　　　　　　　　　　　　　　　　　　　○通
4　住民票　　　　　　　　　　　　　　　　　　　　　　　○通

当事者目録

〒○○○-○○○○　　　○○区○○▲丁目▲番▲号
　　　申　立　債　権　者　　　○○○○株式会社
　　　　　代表者代表取締役　　○○○○

〒○○○-○○○○　　　○○県○○市○○町○丁目○番○号
　　　債務者兼所有者　　○　○　○　○

210

担保権・被担保債権・請求債権目録

1 担 保 権
 (1) 令和○年○○月○○日設定の抵当権
 (2) 登 記 東京法務局○○出張所
  平成○○年○○月○○日受付第9132号
2 被担保債権及び請求債権
 (1) 元 金 ○○○○万円
  ただし、令和○年○○月○○日の金銭消費貸借契約に基づく貸付金
  （弁済期平成○○年○○月○○日）
 (2) 利 息 ○○○万円
  ただし、上記元金に対する、令和○年○○月○○日から平成○○年○
  ○月○○日までの、約定の年○％の割合による利息金
 (3) 損 害 金
  ただし、上記元金に対する、令和○年○○月○○日から支払済みまで
  の、約定の年○○％の割合による遅延損害金

物 件 目 録

1 所 在 ○○区○○▲丁目
  地 番 ○番○
  地 目 宅地
  地 積 ○○○○．○○平方メートル
   共有者 ○○○○ 持分 ○○○○○分の○○○

2 （一棟の建物の表示）
  所 在 ○○▲丁目○番地○
  構 造 鉄骨造一部鉄骨鉄筋コンクリート造陸屋根11階建
  床 面 積 1階 ○○○．○○平方メートル
     2階ないし11階 各○○○．○○平方メートル
 （専有部分の建物の表示）
  家 屋 番 号 ○○▲丁目○番○の○
  建物の名称 ○○○号

```
種    類  居宅
構    造  鉄骨造1階建
床 面 積  ○階部分○○．○○平方メートル
```

3　形式（的）競売

　留置権による競売および商法その他の法律の規定による換価のための「担保権の実行としての競売の例による」と規定されています（民事執行法195条）。

　留置権には優先弁済権がなく（民法295条、商法521条等）、また、共有物分割のための競売（民法258条2項）、限定承認の場合の債権者への弁済のための競売（民法932条）、商人間の売買の目的物保管のための競売（商法524条、527条）などは目的物を公正に換価するために競売制度を利用しただけであり、債権の満足を図るための、担保権の実行としての競売とは性質が異なるものですので、民事執行法195条は「例による」ものとして、その扱いを解釈に委ねています。

4　債務者の財産状況の調査

(1)　財産開示手続

　財産開示手続は、債権者の申立てにより裁判所が債務者に対しその財産の開示を命ずる手続です（民事執行法196条～203条）。

　財産開示手続は、債権者自身による債務者の財産の探索や特定が困難であることに鑑み、**強制執行の実効性を確保**する見地から、金銭債権についての債務名義を有する債権者または一般の先取特権者（労働債権者等）の申立てにより、裁判所が債務者を呼び出し、財産開示の期日（非公開）に、宣誓のうえ、自己の財産について陳述させる手続です。

財産開示手続は、**民事執行**の一つとされていますが、財産開示によって民事上の権利が強制的に実現されるわけではなく、金銭執行の権利実現の実効性を確保するために設けられた執行準備的な手続である点に特徴があります。執行準備のためですが、独立の手続であり、強制執行の一部ではない点に注意が必要です。

財産開示手続は、利用実績は低調で、全国で1000件前後にとどまっていました（上原敏夫ほか『民事執行・保全法（第6版）』（有斐閣）73頁）。

そこで、令和元年の改正民事執行法では、基本となる債務名義の限定を撤廃し、開示義務違反に対する罰則を強化しました[13]。

(2) 第三者からの情報取得手続

令和元年の改正民事執行法により、債務者以外の第三者からの情報取得手続が新設されました（民事執行法204条以下）。

この手続では、執行裁判所が確定判決などの債務名義を有する債権者からの申立てにより、第三者である金融機関、登記所、市町村等に対して、債務者の財産に関する情報の提供を命ずる旨の決定をし、この決定を受けた第三者が、執行裁判所に対して当該情報の提供をするというものです。

この新たな制度のもとでは、銀行等の金融機関（信用金庫、信用協同組合等を含む）は預貯金債権に関する情報の提供を求められることとなります（民事執行法207条1項1号）。これらの金融機関が情報の提供をすべき具体的な事項は、債務者の預貯金債権の存否のほか、その取扱店舗、預貯金債権の種類および額などの情報です。また、この改正により、銀行や証券会社を含む「振替機関等」（社債、株式等の振替に関する法律2条5項）は、上場株式、投資信託受益権、社債、地方債、国債などの「振替社債等」（同法279条）の情報の提供も求められることになります（民事執行法207条1項2号）。

13　正当な理由のない不出頭、宣誓拒否、陳述拒否または虚偽の陳述に対しては、6カ月以下の懲役または50万円以下の罰金が科せられます（民事執行法213条1項5号・6号）。

また、債務者の財産について一般の先取特権を有する債権者も、先取特権を証明する文書を提出することにより、同様の要件のもとに、この手続を利用できます（民事執行法207条2項）。

第 11 章

民事保全

第1　民事保全とは

1　民事保全の意義

　私法上の権利を強制的に実現するには、債務名義を作成して強制執行手続をとることになります。しかし、民事訴訟手続は、対立する当事者双方から主張や証拠を提出させて慎重に判断する構造をとっており、また、敗訴当事者には上訴によって争う機会が保障されていますので、訴えを提起してから確定判決または仮執行宣言付きの判決を得るまでには相応の日数を必要とするため、**債務名義**ができるまで待っていたのでは**強制執行**が不能または著しく困難になることがあります。

　たとえば、民事訴訟手続をしている間に、債務者の資力が低下したために金銭執行が困難になったり、債務者が債権者に明け渡すべき建物の占有を第三者に移転したために建物明渡請求権の執行が困難になったりする可能性があります。また、被告が原告の知的財産権を侵害する製品を製造・販売している場合、訴訟による差止請求権の確定を待っていたのでは、被告の製品が市場に出回り、原告の事業に回復しがたい損害を与えてしまいます。さらに、労働者が不当に解雇され賃金の支払が断たれてしまうと、生活自体が成り立たなくなってしまい、賃金請求権等自己の労働者としての権利を訴訟によって実現することが現実的にきわめて困難になってしまいます。

　また、**確認訴訟や形成訴訟**のように強制執行が問題とならない場合であっても、判決が得られるまでの時間の経過によって、権利者が著しい損害を被ったり、訴訟の目的を達成することができなくなったりすることがあります。

　これらの事態に対処するために設けられているのが民事保全の制度です。すなわち、民事保全とは、判決が得られるまでの時間の経過によって権利の実現が不能または困難になる危険から権利者を保護するために、裁判所が講ずる**暫定的な措置**といえます。

2 民事訴訟手続との相違点

　民事訴訟が、権利の有無について、必要的口頭弁論・証明を経て、判決手続によって判断をなされるのに対して、民事保全は、原則として、権利の**暫定的保全**のため、書面と債権者審尋（任意的口頭弁論）・疎明を経て、**決定手続**によって判断がなされます。

　強制執行が**権利判定手続**と**権利実現手続**の2段階に分かれていると説明しましたが、仮差押えと仮処分でも、手続は、**保全命令手続**と**保全執行手続**とに分かれています。保全命令手続で、命令の要件が審理され、命令の執行のための保全命令となる仮差押命令・仮処分命令が発せられ、それに基づいて仮差押え、仮処分の執行がなされます。保全命令手続は**判決手続**に対応し、保全命令が**債務名義**に相当します。保全命令の内容を実現するのが保全執行手続で**強制執行手続**に対応します。しかし、判決手続と強制執行手続の関係に比べて、保全命令手続と保全執行手続はより緊密に連携しています。執行手続は財産ごとに規定されていますが、たとえば、不動産、船舶および債権その他の財産権に対する保全執行では、保全命令を発した裁判所が保全執行裁判所として管轄することになっています（民事保全法47条2項、48条2項、50条2項、52条1項）。

図表11－1　民事保全の全体像

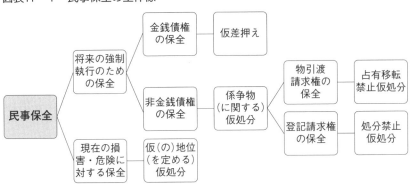

（出典）　中野貞一郎『民事執行・保全入門（補訂版）』（有斐閣）289頁参照。

なお、仮差押えと仮処分では債権者が守ろうとする権利と問題状況が異なるため、手続が分かれて規定されています（図表11－1参照）。

第2　民事保全制度の意義と特質

1　制度趣旨

　民事訴訟手続は、権利義務や権利関係を慎重に確定を判定する手続であり、不可避的に時間がかかるため、訴訟の係属中に、債務者の財産状態や係争物の権利関係に変化を生じると、将来の強制執行に困難をきたします。そこで、権利の主張者に、暫定的に一定の権能や地位を認める必要があります。

2　民事保全手続の特質

(1)　緊　急　性

民事保全は、すみやかに行われなければ目的を達しえません。そこで、以下のような手続等を設け、すみやかな保全命令の発令および保全執行ができるようになっています。

① 　決定手続によって判断がなされる（民事保全法3条）。
② 　立証は疎明で足りる（民事保全法13条2項）。

　　証明とは、裁判官が要証事実の存在について確信を抱いた状態（通常人が合理的な疑いを入れない程度の心証）をいいます（最判昭50.10.24民集29巻9号1417頁）。

　　これに対し、疎明とは、「一応確からしい」という、確信よりも低い心証の状態といいます（民事訴訟法188条）。

　　疎明は、迅速・簡易な処理を目指す手続で用いられる概念です。そのため、証明度が緩和されるほか、証拠方法も、即時に取調べ可能な証拠でな

ければならないとされています。

　具体的には、書証が中心となり、ビデオテープ、在廷証人の尋問等は認められますが、呼出証人、裁判所外の検証、文書の送付嘱託等は認められません。

③　決定書には、理由または理由の要旨を記載すれば足りる（民事保全規則9条2項6号）。

④　保全執行について

（ⅰ）　執行文が不要（民事保全法43条1項）

（ⅱ）　執行期間は2週間（民事保全法43条2項）

（ⅲ）　保全命令が債務者に送達される前でも執行が可能（民事保全法43条3項）

（2）　暫　定　性

民事保全は、民事訴訟・民事執行で最終目的が実現されるまでの**暫定的**なものです。

民法は、民事保全が、暫定的手続にすぎないとして、時効更新事由ではなく、時効完成猶予事由（6カ月の猶予）としています（民法149条）。

（3）　付　随　性

民事保全は本案訴訟を前提とします。そこで、以下のような手続等の特徴があります。

①　本案の管轄裁判所に管轄があります（民事保全法12条1項）。

②　債務者の申立てにより一定の相当期間訴え不提起等による保全取消しがなされる場合があります（民事保全法37条1項・2項）。これは**起訴命令**とも呼ばれています。

③　時効完成猶予事由について……上記(2)「暫定性」の記述を参照ください。

⑷ 密 行 性

仮差押え、係争物に関する仮処分については、債務者による財産の処分や隠匿行為がなされることを防ぐために、原則として、債務者に、債権者による保全申立ての事実を知らせずに手続が進行します。

第3　民事保全の種類

民事保全の主要な法源は、**民事保全法**と**民事保全規則**です。

民事保全には、

① 　仮差押え

② 　係争物に関する仮処分

③ 　仮の地位を定める仮処分

の3類型があります（民事保全法1条）。

民事保全の類型の特徴、および各類型がどのような場面に利用されるのか（各類型の特徴）を理解することが重要です。とりわけ民事保全はゆっくり準備する時間的余裕がないのが通例ですので、弁護士としては、依頼があっても慌てないように、少なくとも民事保全の3類型と各類型の特徴は十分に理解しておく必要があります。

1　仮差押え

⑴ 意　　義

仮差押えとは債権者が債務者に対し**金銭の支払を目的とする債権（金銭債権）**（たとえば、貸金返還請求権）を有し、かつ、債務者の現在の財産状態が変わることにより将来の強制執行が不可能または著しく困難になるおそれがある場合に、債務者の責任財産のうちの適当なものを暫定的に差し押さえる

手続です（民事保全法20条）。仮差押えの被保全権利は**金銭債権**でなければなりません。

(2) 仮差押えの種類

仮差押えには、目的物となる財産の種類に応じて、不動産仮差押え、船舶仮差押え、動産仮差押え、債権等仮差押えがあり、目的物に応じてその執行手続も異なります（民事保全法47条〜50条）。

なお、仮差押命令は、目的物を特定して申し立てる必要がありますが（民事保全法21条本文）、目的物を動産とする場合は、特定しないで申し立てることもできます（同条ただし書）。

(3) 仮差押えの効用

不動産仮差押えを例にとって説明します。債権者が債務者に対し貸金返還請求権を有していたところ、債務者の返済が滞ったとします。債務者は、唯一の資産として、無担保の不動産を所有していたとします。債権者は、貸金返還請求訴訟を提起することを検討していますが、訴訟を行っている間に、債務者が当該不動産を第三者に譲渡等してしまった場合には、債権者は、貸金返還請求訴訟で勝訴したとしても、強制執行ができなくなってしまいます。

このような事態を避けるために、債権者としては、不動産に対する仮差押えを検討することになります。仮差押えをしておけば、仮差押命令が執行されると、債務者は対象物件（権利）に対するいっさいの処分をすることが制限されます。すなわち、不動産仮差押えの登記後に、債務者が対象物件を第三者に譲渡し、それに基づき所有権移転登記手続をすることはできますが[1]、仮差押債権者は、第三者の権利や登記を無視して、本執行ができるこ

---

1 処分制限の意義・内容は、債務者の行為を絶対的に無効とするのではなく、当事者間では有効で（相対的無効）、本執行の手続が行われた場合にその手続との関係で効力が否定されるにすぎません。

とになります。より具体的にいいますと、債務者に対する債務名義に基づき、債務者を相手方とする不動産競売の申立てができることになります。

　なお、仮差押えをしなかった場合、債権者は、詐害行為取消権の行使等によって、責任財産から逸失した財産を詐害行為取消権の厳しい要件のもとで事後的に回復しなければならないこととなります（民法424条）。しかしこれは容易ではありません[2]。

　同様に、**債権仮差押え**の場合は、仮差押えをしておけば、第三者は、債務者から債権譲渡を受けても仮差押債権者に対抗できません。第三債務者は、仮差押命令を無視して債務者に弁済すると、仮差押債権者が本執行に基づき支払を求めてきた場合に、支払（二重払い）をしなければならなくなります。**動産仮差押え**の場合は、動産執行後に、債務者の処分行為が行われても、即時取得が成立する場合を除き、仮差押債権者は、処分行為を無視して、本執行を行うことができます。

2　係争物に関する仮処分

(1)　意　　義

　債権者が債務者に対し特定物についての**給付請求権**（たとえば、登記請求権や建物明渡請求権）を有し、かつ、対象物（特定物）の現在の物理的または法律的状態の変更により将来における権利実行が不可能または著しく困難になるおそれがある場合に、対象物の現状を維持するのに必要な暫定措置をとる手続のことです（民事保全法23条1項）。これを**当事者恒定効**といいます。

2　詐害行為取消権の要件が不明確かつ広範であると、経済的危機に直面した債務者と取引をする相手方は、詐害行為取消権を行使される可能性を意識して萎縮してしまうことになり、債務者の資金調達や経済活動が阻害され、再建可能性のある債務者が破綻に追い込まれるおそれがあることから、改正民法（債権法）では、相当対価による処分行為については、処分行為の時点で隠匿等の処分の意思が要件とされ（民法424条の2）、偏頗弁済についても、①支払不能時に行われ、②債務者と受益者との通謀詐害意図が要件とされる（同法424条の3）など要件が加重されています。

⑵　種　　類

主なものとしては、特定物の占有状態の現状維持を目的とするいわゆる**占有移転禁止仮処分**や、特定物についての権利状態の現状維持を目的とするいわゆる**処分禁止仮処分**などがあります。

⑶　**係争物に関する仮処分の効用**

占有移転禁止仮処分と処分禁止仮処分は、**当事者恒定のための仮処分**です。以下具体的に説明します。

㈠　占有移転禁止の仮処分

建物賃貸借契約の場合を例にとって説明します。賃貸借契約終了後も建物から立ち退かない借家人に対して明渡訴訟を提起しても、訴訟を行っている間（口頭弁論終結前）に居住者が他の人に入れ替わってしまうと、その第三者に対して訴訟承継させるなどして第三者に対する債務名義を得ない限り明渡しは実現できないことになっています。

そこで、このような場合に債権者が占有移転禁止の仮処分をしておけば、仮処分債権者は、仮処分執行後に対象物件の占有を承継した者（善意・悪意を問わない）に対しては、承継執行文の付与を受けて（民事執行法27条2項）、占有承継人に対し、引渡し・明渡しの強制執行ができます（民事保全法62条1項2号）。また、仮処分債権者は、悪意の非承継占有者に対しても、強制執行ができます（同項1号）。また、占有移転禁止の仮処分執行後に対象物件を占有した者は、悪意が推定されることになり（同条2項）、仮処分債権者は、当該占有者が仮処分執行後の占有者であることを証明すれば、本案の債務名義に承継執行文の付与を受けて（民事執行法27条2項）、引渡し・明渡しの強制執行ができます（民事保全法62条1項）。

なお、正権原者および善意の非承継占有者には仮処分の効力は及びません（民事保全法63条）。これらの者は、執行文付与に対する異議の申立て（同執行法32条）、同訴え（同法34条）によって、救済を受けられます。

このように当事者の入替りを防ぐための係争物に関する**当事者の恒定**が占有移転禁止の仮処分の効用です（**当事者恒定効**）。すなわち、占有移転禁止の仮処分は物の引渡（明渡）請求権を保全するためのものといえます。被保全権利は、物権的請求権と構成することも、債権的請求権と構成することも可能です。

　占有移転禁止の仮処分をした場合としなかった場合の違いをまとめると図表11－2のとおりです。

　なお口頭弁論終結後の承継人に対しては、民事訴訟法115条1項3号により判決の効力が及ぶので、原告は承継執行文の付与を受けて執行すれば足りるということになります（民事執行法23条1項3号参照）。したがって、新たな債務名義の取得までは不要です。

（イ）　処分禁止の仮処分

　処分禁止の仮処分は主として登記請求権を保全するために利用されます。

　不動産の売買の事例を例にとって説明します。買主が売主の所有する建物を買い受けて代金を支払い、引渡しも受けましたが、売主は所有権移転登記の手続に協力してくれません。そのような場合には、買主は売主に対して移転登記手続請求の訴えを提起し勝訴の確定判決を得れば、判決確定時に売主がその登記申請をしたものとみなされ（民事執行法177条1項本文）、買主は、所有権移転登記をすることができます（不動産登記法63条）。しかし、訴訟を行っている間に、買主が第三者にその建物を譲渡して第三者への所有権移転登記がなされてしまうと、売主はその所有権取得を第三者に対抗することができません（民法177条）。この場合、売主に対する勝訴の確定判決を得ても、第三者の承諾（不動産登記法68条）を得るか、あるいは第三者に対する抹消登記手続請求の訴えを提起して勝訴の確定判決を得ないと、第三者の登記を抹消することができません。

　そこで、第三者の登記がなされる前に買主が売主に対してその建物の処分を禁止する仮処分をしておけば、この仮処分に基づく処分禁止の登記の**後に**された登記に係る権利の取得や処分の制限（差押えや保全処分など）は、処

図表11－2　占有移転禁止仮処分執行をしない場合とした場合の本案判決の効力
　　　　　の違い

[占有移転禁止仮処分執行をしない場合の本案判決の効力]

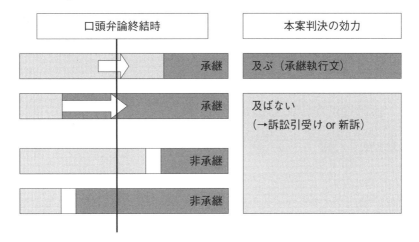

[仮処分執行をした場合の本案判決の効力（民事保全法62条）]

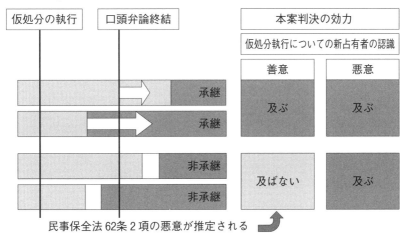

分禁止の登記に係る権利の取得または消滅と抵触する限度において、仮処分債権者に対抗することができません（**当事者恒定効**。民事保全法58条１項）。そして、売主に対する勝訴の確定判決を得た買主は、それに基づく登記を申請する際、仮処分による処分禁止登記に後れる第三者の登記の抹消を単独で請求することができ（民事保全法58条１項・２項、不動産登記法111条）、自分の所有権を確保できます。

3　仮の地位を定める仮処分

（1）　意　　義

仮の地位を定める仮処分（仮地位仮処分）は、債権者と債務者との間の権利関係[3]について争いがあるため、債権者に現在における著しい損害または急迫の危険が生じるおそれがある場合に、これを避けるのに必要な**暫定措置**をとる手続です（民事保全法23条２項）。消極的に現状維持を図るのではなく、暫定的にせよ、積極的に権利を実現するので、**満足的仮処分**と呼ばれます。

（2）　種類・特質

具体的な類型は、対象となる権利関係に応じて多種多様です。

債務者へ与える影響が大きいため、その保全の必要性（現在における著しい損害または急迫の危険が生じるおそれ）は厳格に判断されなければならないとされ、審理方式としても、債務者が立ち会う口頭弁論または審尋を経ることが必要とされています（民事保全法23条４項）。

イメージをつかんでもらうために、仮の地位を定める仮処分の例を以下に列挙します。

・不動産等の仮の明渡しを命じる仮処分

3　「権利」ではなく「権利関係」といわれるのは、対応する本案が債務不存在確認請求のように必ずしも権利そのものとはいえないもの（たとえば、抵当権実行禁止の仮処分等）を含んでいるためです。

・著作権を侵害する製品の製造・販売の差止めを命ずる仮処分

・交通事故に基づく損害賠償金の仮払仮処分、賃金の仮払仮処分

・建築工事禁止の仮処分

・取締役の職務執行停止・代行者選任の仮処分

　なお、仮の地位を定める仮処分のうち、不動産の仮の明渡しを命ずる仮処分や、動産の仮の引渡しを命じる仮処分などのように、**物の給付請求権**を被保全権利とするものを一般に**断行の仮処分**と呼んでいます。

⑶　仮の地位を定める仮処分の効用

ア　交通事故に基づく損害賠償金の仮払仮処分、賃金の仮払仮処分の場合

　債権者が、交通事故の被害者や不当解雇された労働者であれば、けがの治療や日々の生活すらままならず、加害者（または自動車保険会社）、使用者との間で、法的手続を提起して法廷闘争をすることは事実上困難となってしまう可能性があります。

イ　建築工事禁止の仮処分の場合

　本訴手続を長々と追行している間に、違法・不当な建築物は完成し、取締役の違法・不当な行為が日々積み重ねられ、原状回復は事実上不可能となったり、不十分な金銭賠償で解決せざるを得なくなったりする可能性があります。

第4　民事保全の申立て

　民事保全の手続は、保全命令の発令の当否を判断する**保全命令手続**と発令された保全命令の**執行保全手続**の2つに分かれます。東京地裁保全部の手続を例にとれば、おおむね、

申立て → 書面審査および審尋（任意的口頭弁論）→ 担保決定 →
保全命令発令 → 保全執行

という流れで進行します。

1　民事保全の管轄

　保全命令の申立ては、①本案訴訟の管轄裁判所、②仮に差し押さえるべき物の所在地を管轄する地方裁判所、および③係争物の所在地を管轄する地方裁判所が管轄するものとされています（民事保全法12条1項）[4]。

2　保全命令の申立書

　保全命令の申立て（書式11−1参照）は、

①　**申立ての趣旨**

②　保全すべき権利・権利関係（**被保全権利**）、および

③　**保全の必要性**

を明らかにしてしなければなりません（民事保全法13条1項）。

【書式11−1】　債権仮差押命令申立書

```
┌──────────────────────────────────────────┐
│                                  ┌──────┐ │
│          債権仮差押命令申立書      │ 収入 │ │
│                                  │ 印紙 │ │
│                                  └──────┘ │
│                                           │
│                          令和○年○月○日    │
│                                           │
│  東京地方裁判所民事第9部　御中              │
│                                           │
│        債 権 者　　○　　○　　○　　○　印    │
│                                           │
│  当事者の表示　　別紙当事者目録記載のとおり    │
│  請求債権の表示　別紙請求債権目録記載のとおり   │
└──────────────────────────────────────────┘
```

4　民事保全の管轄は、すべて専属であり（民事保全法6条）、合意管轄（民事訴訟法11条）は認められず、応訴管轄（民事訴訟法12条）も生じません。ただし、本案について管轄合意があれば（たとえば、売買契約書の条項に管轄合意があれば）、「本案訴訟の管轄裁判所」として、当該管轄裁判所に民事保全の管轄が認められます。

申立ての趣旨

　債権者の債務者に対する上記請求債権の執行を保全するため、債務者の第三債務者に対する別紙仮差押債権目録記載の債権は、仮に差し押さえる。

　第三債務者は、債務者に対し、仮差押えに係る債務の支払をしてはならない。

との裁判を求める。

申立ての理由

第1　被保全権利
　1　債権者は、申立外○○○○に対し、令和○年○月○日、弁済期を同年○月○日、利息を年○○パーセント、遅延損害金を年○○パーセントと定めて、金200万円を貸し付けた（甲1の1）。

　2　債務者は、債権者に対し、同年○月○日、申立外○○○○の債権者に対する支払債務の履行を連帯して保証した（以下「本件連帯保証契約」という。甲1の1、2）。

　3　申立外○○○○は、弁済期日の同年○月○日が到来しても上記債務を履行しないし、連帯保証人である債務者も、その支払を拒絶している。

　4　よって、債権者は、債務者に対し、本件連帯保証契約に基づき金200万円並びにこれに対する約定の利息及び損害金の支払請求権を有する。

第2　保全の必要性
　1　主債務者の申立外○○○○は、著しい債務超過状態に陥っていて、所有不動産（甲2の1ないし3）には固定資産税評価額（甲3の1、2）を大幅に上回る根抵当権が設定されており、他にめぼしい資産はない。したがって、債権者が申立外○○○○から本件債務の弁済を受けられる見込みはなく、債権者は、債務者に対して連帯保証債務の履行を求めるため訴訟を提起すべく準備中である。

　2　債権者は、令和○年○月○日に債務者に到達した内容証明郵便により、上記貸金の返済を請求したところ（甲4の1、2）、債務者から、勤務先の□□株式会社を解雇されて現在定職はなく、債権者に返済する余裕がないという回答を得た（甲5）。また、債権者が調査したところ、債務者

の住居は借家であり、債務者所有の不動産はない（甲6の1ないし3）。

3　債務者は、債権者以外にも多くの債務を負担している様子であり、第三債務者に対する預金債権しか見るべき資産はない（甲7）。しかし、これも現在の債務者の生活状況からすればいつ引き出されるかも分からない状況にあり、債権者が後日本案訴訟において勝訴判決を得ても、その執行が不能あるいは著しく困難となるおそれがあるので、執行保全のため、本申立てに及ぶ次第である。

疎　明　方　法

甲1号証の1	金銭消費貸借・連帯保証契約書
甲1号証の2	印鑑登録証明書（債務者のもの）
甲2号証の1	不動産登記事項証明書（申立外○○○○所有土地）
甲2号証の2	同（申立外○○○○所有建物）
甲2号証の3	ブルーマップ写し
甲3号証の1	固定資産税評価証明書（申立外○○○○所有土地）
甲3号証の2	同（申立外○○○○所有建物）
甲4号証の1	内容証明郵便
甲4号証の2	配達証明
甲5号証	手紙
甲6号証の1	不動産登記事項証明書（△△△△所有土地）
甲6号証の2	同（△△△△所有建物）
甲6号証の3	ブルーマップ写し
甲7号証	報告書

添付書類

甲号証	各1通
資格証明書	1通
陳述催告の申立書	1通

当事者目録

〒○○○－○○○○　東京都○○区○○町○丁目○番○号（送達場所）
　　　　　債　権　者　　○　○　○　○
　　　　　　　　電話（○○）○○○○－○○○○

　　　　　　　　　FAX（○○）○○○○－○○○○

〒○○○－○○○○　　○○県○○市○○町○丁目○番○号
　　　　　　　　　債　務　者　　　○　　○　　○　　○

　　　　　　　○○県○○市○○町○○丁目○番○号
　　　　　　　第三債務者　　　株式会社○○銀行
　　　　　　　上記代表者代表取締役　○　　○　　○　　○
（送達先）
〒○○○－○○○○　　東京都○○区○○町○丁目○番○号
　　　　　　　　　株式会社○○銀行○○支店

　　　　　　　　　　　　請求債権目録

　金200万円

　　ただし、債権者が申立外○○○○に対して有する下記債権について、債権
者と債務者間の令和○年○月○日付け連帯保証契約に基づき、債権者が債務
者に対して有する連帯保証債務履行請求権のうち元金部分の履行請求権

　　　　　　　　　　　　　　　記

　　債権者は、申立外○○○○に対し、令和○年○月○日、弁済期を同年○月
○日、利息を年○○パーセント、遅延損害金を年○○パーセントと定めて、
金200万円を貸し付けた。

（注）　債権仮差押えにおいては、当該債権以外に仮に差し押さえるべき財産がない状況に
　　　あることを疎明する必要があるので、債務者の住所または本店および登記された支店
　　　の所在地の不動産登記事項証明書や当該住所地（本店所在地等）の住居表示と不動産
　　　登記記録上の所在地との一致を立証するためのブルーマップなどを提出してくださ
　　　い。

　　　　　　　　　　　　仮差押債権目録

　金200万円

ただし、債務者が第三債務者（○○支店扱い）に対して有する下記預金債権のうち、下記に記載する順序に従い、頭書金額に満つるまで

記

1　差押えや仮差押えのない預金とある預金があるときは、次の順序による。
　⑴　先行の差押え、仮差押えのないもの
　⑵　先行の差押え、仮差押えのあるもの

2　円貨建預金と外貨建預金があるときは、次の順序による。
　⑴　円貨建預金
　⑵　外貨建預金（仮差押命令が第三債務者に送達された時点における第三債務者の電信買相場により換算した金額（外貨）。ただし、先物為替予約がある場合には、原則として予約された相場により換算する。）

3　数種の預金があるときは次の順序による。
　⑴　定期預金
　⑵　定期積金
　⑶　通知預金
　⑷　貯蓄預金
　⑸　納税準備預金
　⑹　普通預金
　⑺　別段預金
　⑻　当座預金

4　同種の預金が数口あるときは、口座番号の若い順序による。
　　なお、口座番号が同一の預金が数口あるときは、預金に付せられた番号の若い順序による。

（出典）　https://www.courts.go.jp/tokyo/saiban/minzi_section09/hozen_ziken_mousitate/index.htmlから引用。

　申立ての理由（**被保全権利**および**保全の必要性**）は、具体的に記載し、かつ、立証を要する事由ごとに証拠を記載しなければなりません（民事保全規則13条2項）。
　疎明方法には「甲1」「甲2」などの番号を付します。

また、訴状と同様に、当事者の氏名または名称および住所、代理人がある場合はその氏名および住所をも記載しなければなりません（民事保全規則13条1項）。実務上は、この当事者の表示の後に請求債権（仮差押えの場合）・仮処分により保全すべき権利（仮処分の場合）を表示しています。

(1)　申立ての趣旨

　いかなる種類・態様の仮差押え・仮処分を求めるかの結論部分です。本案訴訟における**請求の趣旨**に相当します。文例を示せば次のとおりです。

ア　仮差押え

(ア)　不動産仮差押え

　不動産仮差押えに関する文例は書式11−2のとおりです。

【書式11−2】　不動産仮差押申立ての文例

> 　債権者の債務者に対する上記請求債権の執行を保全するため、債務者所有の別紙物件目録記載の不動産は、仮に差し押さえる
> との裁判を求める。

(イ)　債権仮差押え

　債権仮差押えに関する文例は書式11−3のとおりです。

【書式11−3】　債権仮差押申立ての文例

> 　債権者の債務者に対する上記請求債権の執行を保全するため、債務者の第三債務者に対する別紙仮差押債権目録記載の債権は、仮に差し押さえる
> との裁判を求める。

イ　係争物に関する仮処分

(ア)　不動産占有移転禁止の仮処分

　不動産占有移転禁止の仮処分に関する文例は書式11−4のとおりです。

【書式11−4】 不動産占有移転禁止の仮処分申立ての文例

> 　債務者は、別紙物件目録記載の建物に対する占有を他人に移転し、又は占有名義を変更してはならない。
> 　債務者は、上記建物の占有を解いて、これを執行官に引き渡さなければならない。
> 　執行官は、上記建物を保管しなければならない。
> 　執行官は、債務者に上記建物の使用を許さなければならない[5]。
> 　執行官は、債務者が上記建物の占有の移転又は占有名義の変更を禁止されていること及び執行官が上記建物を保管していることを公示しなければならない。
> との裁判を求める。

(イ)　不動産処分禁止の仮処分

不動産処分禁止の仮処分に関する文例は書式11−5のとおりです。

【書式11−5】 不動産処分禁止の仮処分申立ての文例

> 　債務者は、別紙物件目録記載の不動産について、譲渡並びに質権、抵当権および賃借権の設定その他一切の処分をしてはならない
> との裁判を求める。

ウ　仮の地位を定める仮処分

(ア)　賃金仮払仮処分

賃金仮払仮処分に関する文例は書式11−6のとおりです。

【書式11−6】 賃金仮払仮処分申立ての文例

> 　債務者は、債権者に対し、令和○年○月から令和成○年○月まで、毎月○日限り金○○万円を仮に支払え
> との裁判を求める。

5　上記記載例は、執行官に保管させたうえで債務者使用を許す場合です。執行官に保管させるだけでだれにも使用を許さない場合には、この部分の記載が不要となり、債権者に使用を許す場合には、「執行官は、債権者に上記建物の使用を許さなければならない」となります。

(イ)　建築等禁止の仮処分

建築等禁止の仮処分に関する文例は書式11－7のとおりです。

【書式11－7】　建築等禁止の仮処分申立ての文例

> 　債務者は、別紙物件目録記載の土地上の建物（物置、板塀、その他の工作物）を建築してはならない
> との裁判を求める。

(ウ)　面談強要禁止の仮処分

面談強要禁止の仮処分に関する文例は書式11－8のとおりです。

【書式11－8】　面談強要禁止の仮処分申立ての文例

> 　債務者は、自ら又は第三者をして、債権者に対し、債権者の自宅・勤務先およびその近隣において、債権者の身辺につきまとったり、債権者を待ち伏せしたりしてはならない
> との裁判を求める。

(エ)　明渡し断行の仮処分

明渡し断行の仮処分に関する文例は書式11－9のとおりです。

【書式11－9】　明渡し断行の仮処分申立ての文例

> 　債務者は、債権者に対し、この決定送達の日から〇日以内に、別紙物件目録記載(1)の建物を収去し、同目録記載(2)の土地を仮に明け渡せ
> との裁判を求める。

(2)　申立ての理由

ア　保全すべき権利・権利関係（被保全権利）

　民事訴訟によってその存否を確定できるような権利または権利関係のことをいいます。本案訴訟における**請求の原因**に相当します。保全の必要性と並ぶ保全命令の実体的要件の一つです。

① 仮差押えの場合は金銭債権です（民事保全法20条）。

② 係争物に関する仮処分の場合は、特定物について、引渡し・登記手続等の特定の給付を求める権利です（民事保全法23条1項）。

③ 仮の地位を定める仮処分の場合は、特に限定はなく、債権者・債務者間の権利関係であり、それについて争いがあればよいとされています（民事保全法23条2項）。

(3) 保全の必要性

保全の必要性とは、被保全権利の存否が確定されるまでの間の暫定的な保全措置が必要である事情をいいます。

ア 仮差押えの場合

仮差押えの場合は、強制執行が不可能または著しく困難になるおそれのあることです（民事保全法20条1項）。具体的には、債務者が責任財産を濫費、廉売、毀損、隠匿したり、責任財産上に過大な担保権を設定したりするおそれのある場合などがこれに当たります（上原敏夫ほか『民事執行・保全法（第6版）』（有斐閣）293〜294頁）。

コラム　連帯保証人の財産について仮差押えをする場合、主債務者の無資力について疎明する必要はあるか

　主債務と連帯保証債務は別個の債務であるし、連帯保証人には催告・検索の抗弁権がないのだから、主債務者の無資力について疎明する必要はないという考えもあります。しかし、①連帯保証人はあくまで保証人であり、主債務者から返済を受けるのが本来の形態であること、②主債務と連帯保証債務は別個の債務であるのは事実だが、二重に返済を受けられるわけではなく、主債務者から返済を受けられるのであれば、連帯保証人の財産を仮差押えするまでの必要性はないこと、③連帯保証契約が安易に締結される社会的実態があることなどに鑑み、東京地裁の実務においては、主債務者の無資力を疎明する必要があるとされています（八木一洋・関述之編著『民事保全の実務（第3版増補版）上』（金融財政事情研究会）226頁）。

イ　係争物に関する仮処分の場合

　係争物に関する仮処分の場合は、対象物の変更により将来における権利実行が不可能または著しく困難になるおそれがあることです（民事保全法23条）。具体的には、債務者が係争物を譲渡、毀損、隠匿し、または係争物の占有を第三者に移転するおそれのある場合がこれに当たります（上原敏夫ほか『民事執行・保全法（第6版）』（有斐閣）295頁）。将来の執行を保全する必要という点では仮差押えにおける保全の必要性と類似しますが、保全の必要性が問題になるのが係争中の物または権利についてである点が異なります。

ウ　仮の地位を定める仮処分の場合

　仮の地位を定める仮処分の場合は、権利関係について争いがあることにより債権者に著しい損害または急迫の危険が生じるおそれがあり、そのために暫定的措置が必要なことです（民事保全法23条2項）。解雇された従業員が生活費に事欠く状態である場合、交通事故の被害者が治療費・生活費を支弁できない場合、所有不動産をなんら権限もなく占有されて返還を求めることができず、その不動産を占有・使用していない場合などがこれに当たります。

(4)　疎明方法

　訴状における**証拠方法**に相当します。

　ただし、実務では、債務者本人の供述や第三者の証言にかえて、債権者や第三者が作成した**報告書**を疎明方法に加えるのが慣例です。報告書には、**被保全権利**および**保全の必要性**を具体的に記述します。本案訴訟における**陳述書**に近いイメージです。本案訴訟を見据えて、本案訴訟での主張や将来作成する陳述書の内容と齟齬をきたさないよう慎重に作成しましょう。

第5　民事保全の審理

1　オール決定主義

　民事保全法は、適正手続を確保しつつ、**緊急性（迅速性）**を図るため、その手続について口頭弁論を開くことを要しないものとし、口頭弁論を開いた場合でもすべて**決定**によって裁判を行います。これを「オール決定主義」と呼んでいます（上原敏夫ほか『民事執行・保全法（第6版）』（有斐閣）280頁）。

2　審理方式

　民事保全の制度は、**書面審理**を基本的な審理方式としつつ、任意的に行われる当事者審尋（民事保全法7条の準用する民事訴訟法87条2項）ないし口頭弁論とを適宜組み合わせることによって、柔軟に審理を行います。決定手続では、当事者審尋・口頭弁論のいずれも必要的とされていません。裁判官は、当事者が提出した書面だけを調べて審理を終えることもできますが、審尋または口頭弁論を開くことができ、また、これらを組み合わせることもできます。いずれを選ぶかは、原則として、事案に応じて裁判官の裁量で決められます。

3　必要的口頭弁論ないし双方審尋

　民事保全は書面審理が基本ですが、口頭弁論ないし双方審尋が必要とされている場合があります。

　すなわち、①仮の地位を定める仮処分、②不服申立て（保全異議（民事保全法26条）、保全取消し（民事保全法37～39条）、保全抗告（民事保全法41条）等）については、いずれも口頭弁論、または債務者（①）ないし当事者双方（②）が立ち会うことができる審尋期日を経なければ決定をなしえない（民事保全法23条4項本文、29条、40条1項、41条4項）として、債務者の立会権が保障されています。

①の仮の地位を定める仮処分については、密行性・緊急性の要請よりも**債務者に与える影響への配慮が必要である**こと、②の不服申立てについては、保全命令が**密行性・緊急性の要請**から債務者の手続関与なく発令されるのが通常であることを考慮したものです。

> ### コラム　全件面接主義（東京地裁・大阪地裁）
>
> 　裁判所が債権者だけに対して審尋を行い、申立書記載の主張および疎明について釈明を求める場合があります。東京地裁、大阪地裁など（専門部のある裁判所）では、保全命令申立事件の全件について裁判官が債権者面接を実施しています。
>
> 　これは、審尋の一種であり、申立書記載の主張および疎明につき、釈明を求めるほか、証拠原本の提示が行われ、担保の金額について意見が求められます。
>
> 　債権者代理人としては、申立書の内容と疎明資料について十分に説得的な説明ができるよう準備するとともに、できれば報告書の作成者（法人であれば事業担当者等）に同行してもらい、必要に応じて説明を補充してもらうとよいでしょう。また、この面接で担保金の額が決められる場合もありますので、債権者代理人は、依頼者と、準備可能な担保金額と準備にかかる日数をあらかじめ協議しておく必要があります。

第6　民事保全の担保

1　保全命令の担保

（1）　立担保と発令

保全命令は、①担保を立てさせて、もしくは、②相当と認める一定の期間内に担保を立てることを保全執行の実施の条件として、または、③担保を立てさせないで、発することができます（民事保全法14条1項）。実務では担保

を立てるのが通例です。

(2) 担保の意味

　民事保全の担保は、保全命令が債権者の一方的な主張・立証によって発令される場合が多く、しかも立証程度は疎明で足りるため、結果として違法とされることがありえます。そこで、債務者が被る可能性のある損害を担保する必要が生じます（民事保全法4条2項、民事訴訟法77条）。

2　担保の額

(1) 担保の額

　担保の額は、債務者の被る可能性のある損害が勘案され、裁判所の裁量により決定されます。
　一般的な考慮事項としては、
① 発令される保全命令の類型
② 被保全権利の性格
③ 目的物の価格またはこれと請求債権（被保全債権）額との関係
④ 目的物の性格
⑤ 疎明の程度
などがあり、個別的な事案の考慮事項としては、債務者の職業、財産・信用状況、営業の状況等があげられます。
　実務においては、裁判所が正式に公表しているわけではありませんが、一般に知られている一応の基準（目的物の価格に対する担保額のおおよその比率（パーセンテージ）を表記した一覧表）があります（『民事弁護教材　改訂　民事保全（補正版）』（司法研修所）28〜31頁）。

(2) 担保の提供方法・場所など

ア　担保の提供方法

① 金銭または裁判所が相当と認める有価証券を供託する方法

② 裁判所の許可を得て銀行等との間で「支払保証委託契約」を締結する方法（ボンド）（民事保全法4条1項、民事保全規則2条）。

イ　提供場所（供託場所）

上記ア①の供託場所は、原則として、担保を立てることを命じた裁判所または保全執行裁判所の所在地を管轄する地方裁判所の管轄区域内の供託所です（民事保全法4条1項）。

担保を立てた債権者は、供託書正本を裁判所に提示してその写しを提出します。

(3) 担保の取消し

担保は、

① 担保の事由が消滅したこと（たとえば、債権者勝訴の本案判決の確定）を証明したとき、または、

② 担保権利者が担保の取消しに同意したこと（たとえば、和解条項に担保取消しについての同意条項がある場合）を証明したとき

に取消しが認められます。

なお、訴訟の完結（保全事件・本案訴訟の終了）後、担保権利者に対し一定の期間内にその権利を行使すべき旨を催告（権利行使催告）したにもかかわらず担保権利者がその行使をしないときは、同意があったものとみなされます（民事保全法4条2項、民事訴訟法79条1項〜3項）。

第7 仮差押解放金・仮処分解放金

1 仮差押解放金

(1) 仮差押解放金の意義

仮差押解放金(民事保全法22条)とは、仮差押えの執行の停止またはすでにした仮差押えの執行の取消しを得るために、債務者が供託すべき金銭です。供託された金銭は、仮差押えの目的財産にかわるものであり、仮差押えの執行の効力は、供託金取戻請求権の上に生じます。

(2) 必要的決定事項

仮差押命令においては、仮差押解放金の額を定めなければなりません(民事保全法22条1項)。仮差押えは、金銭債権の執行を保全するためのものでありますので、被保全債権に相当する金銭が供託されれば、仮差押えの執行を開始または継続する必要がないからです。

(3) 仮差押解放金の算定基準

仮差押解放金の算定基準については、請求債権額を基準とすべきとの見解、目的物の価額を基準とすべきとの見解、目的物の価額・請求債権額のうち低いほうの金額を基準とすべきとの見解(折衷説)がありますが、実務は折衷説を採用しているといわれています(八木一洋・関述之編著『民事保全の実務(第3版増補版)上』(金融財政事情研究会)234頁)。

2 仮処分解放金

(1) 任意的決定事項

仮処分解放金(民事保全法25条)については、「保全すべき権利が金銭の支

払を受けることをもってその行使の目的を達することができるものであるときに限り」定めることができます。

係争物に関する仮処分の被保全権利は金銭債権ではないし、仮の地位を定める仮処分の被保全権利も金銭債権とは限らないので、金銭債権として評価できる場合に限り解放金を定めることができるものとしたものです。

(2) 仮処分解放金の算定基準

仮処分解放金の算定基準としては、仮処分解放金の性質が仮処分の目的物にかわるものですので、原則的には、被保全権利が行使されたのと同価値の満足を債権者に与えることのできる額ということになり、被保全権利の性質、内容、目的物の価格、その他の事情を考慮することになります（八木一洋・関述之編著『民事保全の実務（第3版増補版）上』（金融財政事情研究会）406頁）。

第8 民事保全における救済

1 債務者のための救済

仮差押えおよび仮処分では、手続は迅速に、しかも債務者が知らないうちに実施され、被保全権利等の立証も疎明で足ります。このように保全命令の発令段階における債務者の手続保障はきわめて薄く、かつ、債権者の主張が正しいとは限らないため、保全命令を受けた債務者には十分な救済の機会を与える必要があります。

ア 保全異議

保全命令に不服のある債務者は、命令を発した裁判所に保全異議（再審査）を申し立てることができます（民事保全法26条）。

イ 保全取消し

保全取消しは、債務者が、保全命令自体の当否を争わず、保全命令の存在

を前提として、①発令後の本案不提起（民事保全法37条）、②事情変更（民事保全法38条）、③特別事情（民事保全法39条）により命令の取消しを求めるものです。保全命令が**暫定的**に出されるものですから、その内容を事後的に修正するものです。

2　債権者・債務者双方のための救済（保全抗告）

保全異議または保全取消しの申立てについての裁判に対して不服のある債権者または債務者は、送達を受けた日から2週間の不変期間内に、**保全抗告**をすることができます（民事保全法41条）。

3　債権者のための救済（即時抗告）

債権者は、保全命令の申立てを却下する裁判に対して、告知を受けた日から2週間の不変期間内に、即時抗告をすることができます（民事保全法19条1項）。

事項索引

講義　民事訴訟の実務

2020年12月1日　第1刷発行

著　者　田　子　真　也

発行者　加　藤　一　浩

〒160-8520　東京都新宿区南元町19

発　行　所　一般社団法人 金融財政事情研究会

企画・制作・販売　株式会社きんざい

出　版　部　TEL 03(3355)2251　FAX 03(3357)7416

販売受付　TEL 03(3358)2891　FAX 03(3358)0037

URL https://www.kinzai.jp/

校正：株式会社友人社／印刷：株式会社太平印刷社

ISBN978-4-322-13569-5